펀 러닝

© 2014 by Rovio Entertainment Ltd.
Rovio, Angry Birds, Bad Piggies, Mighty Eagle and all related titles, logos and characters are trademarks of Rovio Entertainment Ltd. All rights reserved.
No portion of this book may be reproduced or transmitted in any form or by any means without written permission from the copyright holders. Rovio Books
Learning as Fun:
Written by Lauri Järvilehto
Edited by Mintie Das
All rights reserved
Translation rights arranged by Elina Ahlback Literary Agency
Korean edition copyright © Booksetong Co., Ltd. – Thoth Publishing

이 책의 한국어판 저작권은 대니홍에이전시를 통한 저작권사와의 독점 계약으로
㈜북새통 · 토트출판사에 있습니다.
저작권법에 의해 한국 내에서 보호를 받는 저작물이므로 무단전재와 복제를 금합니다.

| 일러두기 |

- 이 책에서는 학습의 중요한 요소로 '플로우^{flow}'를 이야기하고 있습니다. 독자의 이해를 돕기 위해 미하이 칙센트미하이의 몰입 이론에 기반하여 '몰입'으로 번역하였으며 일부는 해당 문단의 맥락에 적합하게 풀어서 썼습니다.
- 이 책의 저자는 학습의 주체를 학생으로 국한하고 있지 않으나 본 편집부에서는 핵심 독자를 교사와 학부모로 설정하였습니다. 이에 따라 본문의 일부를 청소년 교육에 활용하기 쉽게 윤문하였음을 밝혀 둡니다.

교육선진국 핀란드의 혁신적 공부법

펀 러닝

LEARNING AS FUN

라우리 야르빌레토 지음 | 유영만(한양대 교육공학과 교수) 옮김

토트

| 차례 |

추천사 | 공부가 저절로 되는 플로우 학습법　6
저자 서문 | 즐겁게 배우는 것, 그것이 학습의 미래다　10
역자 서문 | 공부, 재미가 먼저, 재미없는 학습은 노동이다　14

1장 LEARNING AS FUN 학습과 몰입

우리는 왜 배우는가?　24
내재적 동기부여의 3요소　31
최적의 학습 환경이 만들어지는 메커니즘　47
권태와 불안 사이에 자리한 최적의 상태　54
열정을 학습에 활용하는 방법　65

2장 LEARNING AS FUN 학습과 뇌

뇌와 마음은 서로 어떻게 작용하는가　76
하나의 머리 안에 든 두 개의 마음　80
학습은 뇌를 어떻게 변화시키는가?　94
기억과 학습이 이루어지는 과정　103

3장 학습과 그 미래
LEARNING AS FUN

차세대 학습이 어떻게 변화할까?   114
학습자의 참여를 유도하는 환경   136
커리큘럼의 미래에 대하여   147

4장 학습과 게임
LEARNING AS FUN

놀이와 학습의 관계   166
게임과 학습의 관계   178
게임을 이용한 교수법   182

5장 실전적 도구와 지침
LEARNING AS FUN

학생들을 위한 도구   194
부모를 위한 도구   200
교사를 위한 도구   205
이제 우리는 어디로 갈 것인가?   211

공부가 저절로 되는
플로우 학습법

많은 경우, 공부라는 말에는 머리가 터질 때까지 무미건조한 사실들을 외우고 시험을 치던 고등학교 시절에 대한 기억이 포함되어 있다. 그 당시의 즐거움이란 돈가스나 자장면을 먹을 수 있는 급식시간이나 점심 먹은 뒤에 잠깐 즐기던 공놀이가 전부였다. 더러 교실에서 누릴 수 있는 재미가 있었다 하더라도 극히 드물었다. 때문에 학습이 이루어지는 것은 재미가 느껴질 때라는 사실을 깨닫고 받아들이기 위해서는 대대적인 사고의 전환이 필요하다. 이 책에서 말하고자 하는 '펀 러닝' 즉 '즐겁게 배우기$^{\text{learning as fun}}$'라는 개념은 우리의 비틀린 사고 너머에 자리하고 있기 때문이다.

로비오의 마이티 이글$^{\text{Mighty Eagle}}$인 내가 총책임자로서 회사를 위해 하는 일은 단순하다. 노는 것이다. 왜냐하면 사람들은 놀 때 몰입하게 되고, 몰입할 때 배우게 되기 때문이다. 공부가 재미있을 수 있고 또 재미있어야 하는 이유도 바로 거기에 있다. 라우리 야르빌레토$^{Lauri\ Järvilehto}$의 이야기처럼 공부의 범위는 생각보다 넓다. 배움은 교실 밖으로 확장되어 어느 곳에서나 이루어질 수 있다. 예를 들어, 핀란드에서는 남학생들이 영어 시험에서 여학생들보다 더 높은 점수를 받는다. 이런 현상이 나타나는 한 가지 중요한 요인은 남학생들이 대체로 영어로 진행되는 게임을 더 많이 한다는 것이다.

게임과 학습 사이의 상관관계가 점점 더 강해지고 있지만 이 관계를 연구하는 학문이 주목을 받기 시작한 것은 얼마 되지 않았다. 라우리 야르빌레토는 자신의 견해를 쉽게 설명하기 위해, 그리고 자신의 전제를 증명하기 위해 심리학과 교육학, 심지어 신경과학까지 동원하고 있다. 이 모든 것은 이 한마디로 요약된다. 학생들이 지겨워할 때 학생들의 학습 능력은 수직으로 하락한다. 학생들이 몰입할 때, 즉 재미를 느낄 때는 무엇이든 가능하다.

나는 '앵그리 버드$^{Angry\ Birds}$'*를 통해서 이 같은 가설이 입증되는 것을 여러 번 목격했다. 우리가 처음 이 게임을 생각했을 때만 해도 그것이 『앵그리버드 물리탐험』 같은 물리학 교재의 베스트셀러까지 낳게 될 것

---

*핀란드의 로비오 엔터테인먼트가 개발한 모바일 게임. 새총으로 새를 날려 알을 훔쳐간 돼지들을 물리치는 퍼즐 게임이다.

이라는 사실은 꿈도 꾸지 못했다. 그러나 지금 뒤돌아보면 그것이 아주 자연스런 일처럼 느껴진다. 공부는 재미있어야 하는 것이라는 사실을 깨달았기 때문이다.

이 책은 왜 공부가 재미있어야 하는지, 어떻게 해야 공부가 재미있어지는지 분명하게 보여준다.

학습의 효율을 극대화하는 가장 중요한 요소는 '몰입^{flow}'*이다. 도무지 손에서 내려놓을 수 없을 만큼 재미있는 책을 읽느라 밤을 꼬박 새운 때를 기억해보라. 아니면 오후 반나절이 다 지나갔다는 사실조차도 모른 채 악기 연주나 뜨개질 같은 취미에 매달렸던 때를 기억해보라. 이처럼 어떤 활동에 모든 초점을 맞추고 몰입할 땐 어떠한 잡념도 떠오르지 않는다.

가정이나 학교에서 학생들을 가르치는 방법도 시시각각 달라지며 진화를 거듭하고 있다. 특히 금세기 들어 가르치고 배우는 일에 있어 몰입의 중요성이 강조되고 있다. 더욱 반가운 일은 교육자와 과학자, 심지어 게임 개발자들까지도 수학과 언어, 과학 등 전통적인 과목뿐만 아니라 다른 과목들까지 학생들에게 효율적으로 가르치기 위한 새롭고 혁신적인 방법을 모색하고 있다는 사실이다. 학생들의 도전정신을 일깨우고, 학생들에게 용기를 불어넣고, 학생들의 참여를 촉진할 방법들을 연구하

---

* '몰입^{flow}'은 무언가에 흠뻑 빠져 있는 심리적 상태, 현재 하고 있는 일에 심취한 무아지경을 가리킵니다. 교육 현장에서는 학습자의 능력수준에 따라 난이도를 조절함으로써 도전과제에 대한 몰입도를 높여 학습 효율을 극대화하는 교수법으로 활용되고 있습니다.

고 있는 것이다.

많은 연구자들의 노력 덕분에 학생들은 이제 교실 안팎 어디에서도 몰입교육을 체험할 수 있게 되었다. 이것은 종국적으로 우리 모두가 원하는 것이다. 학생들이 어딜 가든 자신이 하는 모든 일에서 배움을 얻는 그런 세계, 재미에서 배움을 얻는 바로 그런 세계 말이다.

라우리 야르빌레토의 노력을 치하하며 이 책이 공부가 저절로 되는 '플로우 학습법'을 보다 널리 전파하는 매개가 되기를 기원한다.

– **피터 베스테르바카** 로비오 그룹 마이티 이글

즐겁게 배우는 것,
그것이 학습의 미래다

1년 반 전, 나는 당시 세 살과 다섯 살이었던 아이들에게 아이패드를 하나 사주었다. 학습게임의 질이 날로 개선되고 있으며 아이들이 게임을 할 때 훨씬 더 치열하게, 또 훨씬 더 효과적으로 배운다는 사실을 깨달았기 때문이다.

'펀 잉글리쉬'라는 게임을 갖고 놀기 시작한 지 2주일 만에 두 아이는 기본 색상을 뜻하는 영어 단어를 100퍼센트 알아맞혔다. 내가 '자주색' 혹은 '주황색' 혹은 '갈색' 같은 단어를 영어로 뭐라고 하느냐고 물을 때마다 핀란드어밖에 할 줄 모르던 아이들이 영어 단어를 정확히 대는 게 아닌가! 겨우 2주일 만에, 그것도 게임을 통해서 말이다. 나는 놀라서 말도 안 나올 지경이었다. 그래서 아내와 의논한 뒤 아이들에게 아이패드를 사주었다.

핀란드의 학교에서는 대체로 아홉 살에 영어를 가르치기 시작한다. 영어 학습을 시작하자마자 학생들은 색깔의 이름을 배운다. 시험을 치면 그 결과는 항상 가우스 곡선을 그린다. 말하자면, 맞히는 문항의 수가 55퍼센트에 미치지 못하는 아이가 조금 있다. 절반 정도가 문항의 60퍼센트 내지 80퍼센트를 맞힌다. 이 학생들은 단어의 대부분을 맞힌다. 소수의 '재능 있는' 학생은 단어를 모두 맞히고 A 학점을 받는다. 단어를 100퍼센트 맞히는 것이다.

그렇다면 이 학생들보다 훨씬 어린 아이들이 어떻게 2주일 만에 기본 색상을 뜻하는 영어 단어를 100퍼센트 맞힐 수 있었을까? 그것도 어른의 지도가 전혀 없는 상태에서 말이다. 이에 대한 명확한 답은 아직 없다. 게임을 이용한 학습에 관한 연구는 이미 꽃을 피우기 시작했지만 그 역사는 아주 짧다.

그러나 다른 분야에서 나온 연구를 바탕으로 이 현상에 대한 이해를 높일 수는 있다. 교육과 동기부여 심리학, 긍정 심리학과 신경과학의 최근 연구가 학습에서 이 같은 차이를 일으키는 요인을 더욱 상세하게 설명하고 있다.

학생들이 학습에 몰입하지 않는다면 학습 효과는 떨어지게 마련이다. 반대로 학생들이 학습에 완전히 몰입한다면 학생들은 눈부실 정도의 학습 효과를 거둘 수 있다. 열정적인 교사와 영감을 불어넣는 학습 비디오, 탐구심을 자극하는 환경, 재미있는 게임은 기계적인 연습보다 훨씬 더 많은 것을 가르친다. 공부도 얼마든지 재미있을 수 있다는 얘기다.

공부는 재미있어야 한다. 학습이 최선의 효과를 누리려면 반드시 재미있어야 한다. 학생들이 지루해한다면 이내 주의가 산만해지기 시작한다. 그리고 모든 부모와 교사가 알고 있듯이 아이가 주의를 기울이지 않는다면 무엇이건 배우지 못할 것이다. 그러나 흥미로운 포인트나 영감을 불어넣는 교사가 있어서 학생들이 관심을 기울이도록 만들기만 하면 배움을 멈추게 하는 것이 오히려 힘들어진다.

나는 아이 옆에 앉아서 아이가 아이패드로 '드래곤 박스'라는 게임을 하는 것을 지켜본다. 아이는 지금 며칠째 하루에 몇 십 분씩 이 게임을 하고 있다. 아이는 외부의 자극이나 보상을 전혀 필요로 하지 않는다. 게임 자체가 보상인 것이다.

세 살짜리 아이가 소파에 앉아서 함수를 하나씩 풀고 있다. 이 아이는 게임 안에 있는 드래곤과 박스를 갖고 게임을 함으로써 복잡한 대수를 스스로 배우고 있다. 아이가 1분도 안 돼 푸는 문제들은 3개의 변수를 갖고 있다. '$2/x+d/e=b/x$'와 비슷한 문제들이다. 여기를 클릭하고 저기를 두드린 다음에 보라. 그러면 x가 분리되고 함수가 풀린다. 나도 이처럼 복잡한 함수들을 즉석에서는 풀지 못한다. 그런데도 이 아이는 눈도 한 번 깜빡이지 않고 그 함수들을 풀어낸다.

우리 아들은 세 살짜리 평범한 소년이다. 하루 종일 사방천지를 뛰어다니며 세상을 탐험하는 그런 아이다. 이는 곧, 세상의 모든 아이들이 게임을 통해 놀랄 만한 학업 성취를 이룰 수 있다는 것을 의미한다. 이

것이 내가 목격한 학습의 미래다. 재미로 배우는 것이 학습의 미래인 것이다. 그리고 그것은 우리가 말하는 대로 구체화되기 시작했다.

  SF 작가인 윌리엄 깁슨$^{\text{William Gibson}}$은 이렇게 말했다.

  "미래는 이미 여기에 와 있다. 다만 아직 널리 퍼져 있지 않을 뿐이다."

  우리는 그 미래를 퍼뜨리기만 하면 된다.

— 저자 **라우리 야르빌레토**

공부, 재미가 먼저,
재미없는 학습은 노동이다

　과학 소설의 거장 아이작 아시모프$^{Isaac\ Asimov}$는 "과학에서 들을 수 있는 가장 흥분되는 말은 새로운 발견을 알리는 '유레카!'가 아니라 '그것 재미있는데!' 하는 것"이라고 했다. 영화를 보고 나와서 "재미있었어?"라고 묻는 것과 다르지 않다. 그런데 영화평론가들은 좀 다르다. 그들은 특정 장면이나 대사, 전체 구성과 줄거리의 흐름을 논리적으로 분석한 다음 진지하고 엄숙한 평론을 늘어놓는다. 영화평론가들에게 영화는 재미보다 의미가 우선 관심의 대상인 것이다.

　공부도 마찬가지다. 학생들이 어떤 과목을 한두 시간 공부하고 나면 재미없어서 더 이상 못하겠다고 한다. 의미 없어서 공부 못하겠다는 말은 안 한다. 영화도 공부도 재미가 먼저다. 재미가 있어야 사람들이 달려들고 빠져든다. 삶도 마찬가지다. 매일 매일 하는 일이 재미있으면 삶도 재미있고 열정이 생기며 몰입하게 된다. 그런데 우리들은 언제부터인가 재미가 없어도 억지로 참고 사는 연습을 하고 있다. 특히 공부가 그렇다. 정말 재미없지만 먼 훗날을 위해서 참고 견디면서 의미를 찾아가는 공부를 계속해왔다.

공부라고 하든 학습이라고 하든 가르치고 배우는 과정은 진지하고 엄숙해야 된다는 통념이 자리를 잡고 있다. 공부하는 과정에 장난기가 가미되거나 장난삼아 뭔가를 시도하다가는 야단을 맞기 일쑤다.

장난은 애초에 작란(作亂)에서 유래된 말이라고 한다. 작란(作亂)은 말 그대로 작심(作心)해서 난동(亂動)을 일으키는 것이다. 작란(作亂)이 바로 장난이 된 것이다. 즉 공부도 놀이도 장난치면서 재미있고 즐겁게 하다보면 생각지도 못한 전대미문의 창조가 일어나는 것이다.

그런데 우리는 장난을 치면 "너 지금 장난하는 거니?", 또 재미있게 놀면서 공부하거나 일을 하면 "놀고 있네!"라는 비아냥거림을 받는다. 그래서 우리는 장난도 못 치고 놀지도 못하면서 엄숙하고 근엄한 자세로 공부하고 일을 한다. 그러니 창의적인 생각이 떠오를 리 만무하다. 심리학자 칼 융은 "창의성은 지성이 아니라 놀이 충동에서 나온다"고 했다. 엄숙한 자세로 심각하게 고민하며 머리를 쓰는 것보다 재미있고 즐겁게 놀면서 이런 저런 시도를 하다보면 자신도 모르게 창의적인 아이디어도 떠오르고 생각지도 못한 돌파구가 마련되기도 하는 것이다.

프랑스의 시인 폴 발레리는 "심각한 사람은 아이디어가 없다. 아이디어가 있는 사람은 결코 심각하지 않다"는 말을 남겼다. 우리 주변을 보라. 심각한 사람치고 아이디어를 많이 내는 사람 본 적이 있는가? 그 사람은 아이디어가 없어서 심각한 것이다. 이 책의 저자는 엄숙하고 근엄하며 심각한 탐구의 대상이나 과정으로 생각했던 학습에 재미를 가미해 기존의 학습관과 접근방법을 통렬하게 비판하고 색다른 대안을 제시하고 있다. 저자가 재미를 학습과 연결시켜 강조하면서 끌어들인 핵심 개념은 심리학자 미하이 칙센트미하이의 플로우^{flow} 개념과 열정, 내재적 동기, 그리고 기억과 뇌기반 학습이다.

저자는 재미있는 학습이 이루어지기 위해서는 칙센트미하이가 제시하는 플로우 채널$^{Flow\ Channel}$을 체험해야 한다고 강조한다. 플로우란 물 흐르듯이 어떤 일에 완전히 빠져서 몰입하는 상태나 과정을 가리킨다. 내가 도전할 수 있는 스킬이나 능력을 어느 정도 갖추고 있고 이것보다 약간 수준 높은 과제가 주어지면 최적의 몰입 환경이 만들어진다.

문제는 내 능력수준보다 난이도가 높은 과제가 제시되면 불안감에 사로잡히고, 반대로 준비를 많이 해서 능력수준이 높은데 이것보다 현격하게 난이도가 낮은 과제가 주어지면 권태감에 빠진다는 점이다. 따라서 즐겁고 재미있게 공부하면서 자신도 모르게 열정적으로 몰입하게 만들기 위해서는 상황에 따라 각기 다른 전략이 필요하다.

첫째, 불안감에 사로잡힌 학습자에게는 난이도가 낮은 과제부터 제시하면서 성공체험을 축적하게 한다. 작은 성공체험의 축적이 어느 시점에 이르면 생각지도 못한 비상과 도약의 순간을 가져온다. 둘째, 권태감에 빠진 사람들은 난이도가 높은 과제에 도전하는 체험을 해보게 한다. 내가 달성할 수 있는 목표수준보다 약간 상향 조정해서 이제까지의 방법으로는 성취하기 어려운 과제에 도전하면서 실력을 쌓게 하는 것이다. 두 가지가 충족되어야 재미도 있을 뿐만 아니라 과제를 해결하는 과정에서 깨달은 의미도 심장에 꽂히기 때문이다. 재미없는 의미는 견딜 수 없는 답답함이고, 의미 없는 재미는 참을 수 없는 가벼움이다.

사람들은 본래 재미있으면 아무런 보상이 주어지지 않아도 몰입한다. 일이나 공부를 하는 과정에서 몰입을 하면 절대 다른 길로 빠지지 않는다. 한번 그렇게 빠져보면 다른 길로 빠질 수가 없다. 다른 길로 빠지지 않고 한 곳에 빠지려면 푹 빠져야 한다. 불광불급不狂不及이라는 말이 전해주듯이 미치지 않으면 그 어떤 경지에도 미칠 수 없다. 엄숙하고 근엄한 자세로 최선의 노력을 경주한다고 경지에 미치는 것은 아니다. 공부든 일이든 엄숙하고 근엄해질수록 재미는 살아나지 못하고 심각한 의미만 고개를 든다.

미친다는 것은 현실 가능 여부를 논리적으로 따지는 이성적 판단을 뛰어넘는 행위다. 예술가가 상상력의 불꽃을 튀기면서 세상을 뒤엎을만한 놀라운 아이디어를 내느라고 몰두하고 있는데 심판관이 "이것은 현실적으로 불가능합니다"라고 말하면서 논리적 근거와 합리적 이유를 끌어대기 시작하면 예술가의 상상력은 싹이 트기도 전에 짓밟히고 만다. 재미난 상상은 의미 있는 논리가 넘어진 바로 그 지점에서 꿈틀거린다.

이 책의 저자는 학습은 무조건 재미있어야 몰입이 되고 열정이 불붙는다고 말한다. 학생들이 재미있게 공부할 수 있는 가장 효과적인 방법으로 게임을 드는 이유도 여기 있다. 저자는 공부도 얼마든지 게임처럼 재미있게 몰입할 수 있다는 것을 여러 가지 사례를 통해 증명하고 있다. 특히 게임을 활용해서 놀이처럼 공부하는 방법이 학습자의 열정과 몰입을 이끌어내는 가장 강력한 동인動因이라고 설명한다.

놀이가 학습에 미치는 가장 강력한 요인은 놀이 자체가 학습자의 내재적 동기부여 요인을 갖고 있다는 점이다. 누가 시켜서 억지로 하는 일은 오래가지 못할 뿐만 아니라 별다른 성취감도 맛볼 수 없다. 자신이 좋아서 빠지는 일, 즐겁고 잘 할 수 있어서 신나게 하는 놀이는 기본적으로 다양한 시도를 하면서 자유롭게 즐길 수 있다.

학생들은 놀이 안에서 스스로 규율을 배우고 익히며 친구들과의 합의된 의사결정을 통해 자율적으로 판단한다. 학생들은 놀이를 통해 한계라고 생각되는 지점에 과감하게 도전해보고, 때로는 생각지도 못한 실패를 경험하면서 이전과 다른 방법으로 시도할 수 있는 체험적 깨달음을 얻기도 한다. 놀이^{play}는 익숙한 것을 낯설게 바꾸는 모든 행위이자 활동이다. 반면에 일^{work}은 낯선 것을 익숙하게 바꾸는 틀에 박힌 모든 행위이자 활동이다. 그래서 놀이는 재미있고 일은 재미가 없는 것이다.

영어 단어 'school'은 학교를 의미하지만 여기에는 다른 의미도 들어 있다. 'a school of fish'라는 말이 있다. '물고기 학교'라는 뜻이 아니라 '한 떼의 물고기'라는 뜻이다. 'school'은 학교라는 뜻과 함께 학교에서 개성 없는 학생들을 한 떼의 물고기처럼 길러낸다는 이미지를 내포하고 있다. 실제로 학교는 산업화 시대 공장처럼 다양한 인력을 가급적 짧은 시간 안에 효율적으로 양산해내야 되는 사회적 필요성에서 생긴 기관이다. 학교가 주어진 내용을 제한된 시간 안에 신속하게 공부를 마치고 정해진 길을 가급적 빨리 달려가야 되는 공장 같은 이미지를 갖게 된 것도 나름의 사연이 있는 것이다. 이제 학교는 엄숙하고 근엄한 장소라기보다 즐거움과 열정을 분출하는 곳, 재미있고 신나는 일을 다양한 방법으로 실험하고 모색하는 자유로운 무대로 변신할 필요가 있다.

그렇다고 해서 근엄하거나 엄숙하고 심각하며 진지한 배움의 자세가 중요하지 않다는 것은 아니다. 다만 너무 진지하면 배움에 대한 열정과 즐거움이 사라진다는 얘기다. 배움에 대한 열정이 식고 즐거움이 사라져버린다면 그 누가 배움의 여정에 열정적으로 뛰어들겠는가? 너무 엄숙하면 장난기가 발동되지 않는다. 그럴수록 학생들은 어른처럼 눈치를 보고 과감한 시도보다 두려움을 먼저 끌어오기 시작한다. 이런 학생들의 동심을 다시 일깨우는 것은 교사의 핵심적인 역할이다.

틀에 박힌 삶에 안주하면서 평범한 80퍼센트의 '정상적인' 학생들로 자라는 과정을 안내하는 '정상적인' 교사에서 벗어나야 한다. 교사라면 이제 '원래', '물론', '당연'이라는 말에 물음표를 던져야 한다. 세상에는 원래 그런 게 없다. 당연한 것도 없다. 물론 그런 현상도 존재하지 않는다. 어제와 다른 물음표를 던져 원래, 물론, 당연한 세계에 과감하게 뛰어들어 '비정상적인' 사유를 촉발하는 데 교사가 먼저 발 벗고 나서야 한다. 정상頂上에 오른 사람은 정상正常이 아니기 때문이다.

교사는 단순히 배워야 할 내용을 가르치는 사람이 아니라 학습자의 남다른 상상력을 촉발하고 내면에 잠자고 있는 가능성의 영역에 불을 지피는 사람이다. 학습자로 하여금 도전의식을 고취시키고 열정을 불사르게 만드는 불쏘시개인 것이다.

 지금까지 우리는 학습자 중심의 참여식 교육을 주장하면서도 여전히 가르치는 사람 중심의 일방향적 교육이나 훈련을 지나치게 믿어 왔다. 이제 '티칭^{teaching}'하지 말고 '코칭^{coaching}'하면서 펌프에 마중물을 부어 땅속의 물을 길어 올리듯이 학습자의 내면에 잠들어 있는 무한한 가능성을 흔들어 깨워야 한다. 모든 학습자들은 이미 스스로 하면 신나는 재능을 갖고 있다. 『엘리먼트 element』의 저자 켄 로빈슨도 재능과 열정이 만나는 지점에서 창조의 꽃이 핀다고 했다. 학생들이 지니고 있는 재능을 스스로 발견할 수 있도록 유도하고, 거기에 열정의 불길이 붙을 수 있도록 이끌어주며, 새로운 영감을 불어넣는 위대한 스승으로 거듭나야 할 때다. 바로 이 책이 그 메마른 여정에 단비와 같은 역할을 해줄 것이다.

– **유영만** 한양대학교 교육공학과 교수

"아이들이 관심을 갖는 곳에서 교육은 자연히 이루어진다."

– 아서 C. 클라크

1장

LEARNING AS FUN

학습과 몰입

우리는 왜 배우는가?

우리는 왜 배우는가? 간단하게 대답하자면 이렇다. 어떤 일을 처리할 새로운 방법이 필요할 때 우리는 배움을 찾는다. 댐이 붕괴되려 하거나 폭설로 마을이 고립될 위기 상황이라면 어떻게든 그 대응법을 배우려 할 것이다. 그것도 아주 빨리 말이다. 그러나 저녁식사를 마친 뒤 포도주를 한 잔 하며 훗날 친구들을 만나 이야기를 나눌 생각으로 칸트의 『순수이성비판』을 펼치거나 다섯 살짜리 아이가 레고 세트를 맞추는 10가지 방법을 생각해낼 때 학습은 전혀 다르게 이루어진다.

학습이 저절로 이루어지는 경우도 종종 있다. 취학 전의 보통 아이들의 생활을 한번 살펴보라. 아이들의 나날은 배움의 나날이다. 배움은 걷거나 말하거나 그림을 그리는 것부터 글을 읽거나 쓰는 것까지 다양하게 이루어진다. 물론 거기에는 레고 블록도 포함된다.

우리는 학습의 자발성과 즐거움이 상실된 사회에서 살고 있다. 우리는 학습, 특히 학교에서 이루어지는 거의 모든 학습이 지루하고 동기부여를 하지 못한다고 포기한 채 20세기의 대부분을 보냈다.

그런데 최근 몇 년 사이, 과학적 연구가 거듭되면서 학습에 관한 관점이 완전히 달라졌다. 학습엔 열정과 참여, 몰두와 몰입, 그리고 놀이와 게임이 수반되어야 한다는 관점이 생겨난 것이다. 이 연구의 맥락에서 보면, 학습은 진지해야 한다는 케케묵은 생각과 정반대되는 인식이 진실인 것처럼 느껴진다. 이제는 학습이 재미있을 때 학습효과가 최고조에 이른다는 인식이 정설로 통하고 있다. 영감을 자극하는 비디오나 지식의 창고를 건드리는 모바일 장치를 이용하여 게임을 할 때 학습자는 출발점이나 나이, 문화적 배경을 불문하고 놀라운 학습 능력을 발휘한다.

이 책의 목적은 재미와 놀이가 효과적인 학습의 핵심을 이루고 있다는 것을 보여주는 데 있다. 동기부여 심리학과 긍정 심리학, 신경과학과 철학 분야의 자료들을 바탕으로 집중과 내면의 동기부여와 몰입이 지속적인 학습 경험을 창조하는 데, 특히 새로운 기술이나 지식, 이해력을 획득하는 데 결정적인 요소라는 점을 보여주려 한다.

학습과 놀이의 차이점

학습은 기본적으로 두 가지 요소, 즉 집중과 학습 내용의 결과다. 수준 높은 내용이 집중하지 않을 수 없는 방식으로 제시될 때 효과적인 학습이 일어난다. 학습자들이 자극을 받아 집중할 때 기술과 지식 획득을 가능하게 하는 신경 경로들이 보다 효과적으로 연결된다.

집중과 자극이 왕성한 학습 경험의 중심을 차지하고 있다. 그럼에도 불구하고 사람들에게 '배우다'라는 단어를 들었을 때 즉각적으로 연상되는 것이 무엇인지를 물었을 때 사람들은 대부분 다음과 같이 대답한다.

- 구조화되어 있다
- 진지하다
- 엄격하다
- 규칙에 바탕을 두고 있다
- 목표 지향적이다
- 복잡하다
- 어렵다
- 정답이 있다
- 강제적이다

내가 볼 때 사람들은 대부분 학습에 대해 생각하면 먼저 학교부터 떠올리는 것 같다. 반면에 다음의 목록은 사람들에게 '놀이'라는 단어에서 연상되는 것이 무엇이냐고 물었을 때 나온 대답들이다.

- 역동적이다
- 재미있다
- 다양하다
- 규칙에 얽매이지 않는다
- 자율적이다
- 단순하다
- 쉽다
- 정답이 없다
- 자발적이다

이 목록은 모두 효과적인 학습의 3요소, 즉 동기부여와 몰입, 사고방식에 속한다. 마치 우리가 학습에 대해 배운 것들이 전혀 학습이 아닌 것처럼 말이다. 그러나 우리가 모든 것을 배웠던 그곳, 그러니까 산업시대의 학교로 되돌아간다면 이것도 결코 놀라운 일이 아니라는 것을 알 수 있다. 학교의 역사와 본연의 목표를 면밀히 들여다보라. 그러면 학습에 대한 우리의 태도가 지금처럼 부정적인 이유가 명백히 드러날 것이다. 운 좋게도, 서구 국가들은 마침내 이 같은 사실을 깨달았다. 그런데 아이러니하게도 세계의 많은 학교제도들은 지금의 서구 국가들이 갖고 있는 지식에 보조를 맞추기 위해 사력을 다하고 있다.

현대 학교의 뿌리

긍정 심리학의 창설자인 펜실베이니아 대학 마틴 셀리그만[Matin Seligman] 교수는 이렇게 쓰고 있다.

1. 당신의 아이에게 가장 필요한 것은 무엇인가? 단답형으로 적어보시오.

당신이 설문 조사에 임한 수천 명의 부모와 비슷한 사람이라면 아마 당신도 '행복' '자신감' '만족' '성취' '균형' '선한 행동' '친절' '건강' '사랑' '교양' '의미' 등을 제시할 것이다. 요약하면, 당신이 아이를 위해 최고로 치는 것은 잘사는 것이다.

2. 학교에서는 무엇을 가르칠까? 단답형으로 적어보시오.

역시 당신이 다른 부모들과 비슷한 사람이라면 '성취' '생각하는 법' '성공' '일치' '교양' '수학' '공부' '시험' '질서' 등을 제시할 것이다. 요약하면, 학교에서 가르치는 것은 직장에서 성공하는 방법이다.

앞에 제시한 두 가지 목록 중에는 서로 겹치는 것이 거의 없다는 사실에 주목하라.
100년이 넘는 시간 동안 학교교육은 학생들이 성인이 된 뒤 직장을 갖는 데 도움이 될 만한 것들을 가르쳐왔다. 성공과 지식, 인내와 규율이 전부라 해도 과언이 아니다. 그러나 나는 학교가 학생들에게 잘사는 법과 성취의 기술을 서로 훼손시키는 일 없이 동시에 잘 가르칠 수 있다고 믿는다. 그리고 당신 역시 긍정적인 교육을 상상하길 바란다.

현대의 학교교육은 19세기 산업혁명의 부산물로 탄생했다. 부모들이 농장에서 공장으로 이동했을 때 아이들을 위험으로부터 보호하기 위해 한곳에 모아둘 필요가 생겼다. 현대의 학교는 이 필요를 충족시키기 위한 발명이었다. 아이들은 한곳에 모아졌으며 거기서 몇 사람의 어른이 낮 시간 동안 학생들을 감독하는 시스템이 만들어졌다. 현대 학교의 뿌리와 이미지 자체가 산업주의에 깊이 박혀 있는 것이다.
동시에 또 하나의 큰 문제가 해결되었다. 바로 공장을 숙련된 노동력으로 채우는 문제였다. 문맹인 농장 근로자들로 공장을 돌리는 데는 한계가 있었다. 결국 산업혁명의 여파로 현대의 학교제도는 보다 숙련된 근로자들을 배출하는 곳으로 바뀌었다.

산업혁명 이전의 학습은 눈과 몸으로 체득하는 것이 대부분이었다. 젊은이들은 스승 밑에서 도제로 배우거나 가족 농장에서 일을 시작했다. 따라서 기술은 분산되어 있었다. 한 사람은 솥을 만드는 방법을 알았고, 다른 한 사람은 말에 안장을 완벽하게 얹을 수 있었고, 또 다른 사람은 음악으로 군중을 사로잡을 수 있었다.

학교교육은 소수의 엘리트에게만 한정되었으며 학교는 대부분 귀족과 기사들의 자녀로 채워졌다. 수도사와 학식 높은 교수들이 이 학생들에게 토론하고, 계산하고, 음악을 연주하고, 독립적으로 생각하는 법을 가르쳤다. 이 기술 중 어느 것도 현대의 공장에 그다지 어울리지 않는 것이었다.

현대의 학교는 다른 종류의 기술을 가르칠 필요에 의해 생겨났다. 그런데 현재의 학교까지도 부모들이 일터에 가 있는 동안에 학생들을 돌보고 있다. 이 외에 오늘날의 학교는 학생들에게 5가지 기술을 효과적으로 가르친다. 현대의 학교는 예외 없이 읽고 쓰고 기본적인 셈을 할 줄 아는 사람들을 배출한다. 그리고 정상적으로 학교를 마친 사람들은 빡빡한 시간표를 소화해 낼 능력을 갖추게 된다. 마지막으로 학교는 학생들에게 엄격한 규칙에 의문을 제기하지 말고 조용히 따를 것을 요구한다. 그 규칙들이 말이 안 되는 것일지라도 거기에 의문을 제기해서는 안 된다고 가르친다.

훌륭한 공장 근로자들을 양산해낼 생각이라면 이 점이 아주 중요하다. 컨베이어벨트에 앉아 일하는 근로자가 창의적인 생각을 갖는 것은 공장이 테일러식 생산성(최소의 노동과 비용으로 최대의 생산성을 올리기 위한 과학적 관리론)을 향상시키는 데 도움이 되지 않는다. 반시간 동안 일을 놓치면 즉각 수입에 손실이 생긴다. 작업을 하는 동안에 기본적인 계산을 하고, 공장의 안내판이나 매뉴얼을 읽고, 동료 직원에게 할 간단한 지시사항을 글로 쓸 줄 아는 정도면 충분하다.

공장 근로자는 시를 잘 짓거나 생물학에 뛰어날 필요가 없다. 또 빨리 달리거나 악기를 연주할 필요도 없다. 외국어도 알아야 할 필요가 없다. 창의적인 사고나 비판적인 사고는 더더구나 필요 없다. 앞에서 열거한 5가지 핵심 기술이 현대의 학교 졸업생들에게 거의 보편적으로 습득되는 한편, 여기 나열하는 다른 기술들은 개인에 따라 큰 차이를 보인다.

현대의 학교가 학생들이 이런 것들을 배우지 못하도록 막은 것은 아니다. 영감 넘치는 교사가 학생들을 맡거나 학생들의 의욕이 넘친다면 얼마든지 다양한 기술을 배울 수 있다. 성공한 전문가들의 이야기를 들어보면 어린 시절 호기심을 자극하고 영감을 불어넣는 교사를 만나 공부에 대한 의욕이 불꽃을 피우게 되었다는 내용이 심심찮게 나온다.

학습은 인간의 삶에서 가장 위대한 즐거움 중 하나다. 진정한 학습은 가장 열심히 추구하고 가장 즐거운 상태의 하나인 몰입 상태에서 일어난다. 공장의 요구에 부응하던 학교의 모델이 사람들을 몰입이라는 최적의 상태로부터 멀어지게 만들었지만 이제 학교 교육은 마침내 스스로 제 방향을 찾아가고 있다.

내재적 동기부여의 3요소

약 100년 전, 매슬로$^{Abraham\ Maslow}$가 그 유명한 욕구단계설을 제창했다. 매슬로에 따르면, 인간은 먹고, 자고, 종족보존 등의 생리적 욕구를 우선적으로 충족시켜야 한다. 그런 다음에야 자기표현과 같은 다른 문제들로 관심을 돌릴 수 있다.

매슬로의 욕구단계설은 20세기 말까지 동기부여 심리학에서 널리 받아들여졌다.

1970년대, 심리학자 에드워드 데시$^{Edward\ Deci}$는 또 다른 종류의 동기부여 이론을 연구하기 시작했다. 데시는 일부 사람들의 경우 자신이 믿는 대의^{大義}를 위해 굶주림과 투옥, 심지어 죽음까지 감내하려 하는 데 관심을 갖고 연구했다.

이 같은 관점은 마하트마 간디와 넬슨 만델라, 아웅산 수치 같은 인물이 갖고 있는 심리학적 배경을 설명해 준다.

내재적·외재적 동기부여

동기부여란 무엇인가? 로체스터 대학의 교수인 리처드 라이언[Richard Ryan]과 에드워드 데시는 동기부여를 이렇게 정의한다.

"동기부여는 활력과 방향, 인내와 목표 성취와 관련되어 있다. 이들 모두 활동과 의지 측면의 키워드들이다. 동기부여는 심리학 분야의 핵심 주제로 꾸준히 연구되고 있다. 왜냐하면 동기부여가 생물학적, 인식적, 사회적 규칙의 핵심을 이루고 있기 때문이다."

라이언과 데시의 '자기결정이론[self-determination theory]'에 따르면, 인간은 기계장치가 아니다. 두 사람은 "출생 이후로 줄곧 인간은 가장 건강한 상태에서 활동적이고, 호기심을 보이고, 탐구하려 들고, 놀기를 좋아하는 생명체다. 그러면서 언제나 배우고 탐구하려는 자세를 보인다. 인간은 배우고 탐구하도록 할 외부의 자극을 특별히 필요로 하지 않는다"고 강조한다.

라이언과 데시는 동기화 상태를 3가지로 정의한다. 외재적 동기, 내재적 동기, 무無동기[amotivation]가 그것이다. 무동기는 행동을 할 의지가 부족한 상태를 의미한다. 이런 상태에서 사람은 아무것도 하지 않거나 외부의 지시에 의한 행동만 한다. 외재적 동기는 외부의 요구를 충족시키거나 어떤 보상을 얻을 목적으로 하는 행동을 의미한다. 내재적 동기는 어떤 사람이 자기 자신을 위해서 취하는 행동을 의미한다. 즉 라이언과

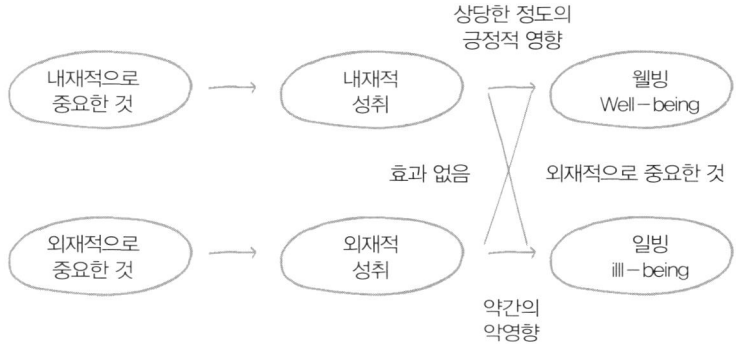

데시가 '심리적 욕구'라고 부른 것을 만족시키기 위해서 하는 행동을 말한다.

기본적인 욕구가 충족될 때는 건강과 웰빙(well-being 행복한 삶)에 이르고, 반대로 그것이 충족되지 않을 때는 일빙(ill-being 질 나쁜 생활방식을 지칭하는 말로 심신이 불편하거나 아픈 상태)에 이른다.

내재적 동기가 강한 사람이 목표를 정하고 그것을 성취한다면 그 사람의 긍정적인 감정은 극대화되고 인생에 대한 만족도도 높아진다. 반대로 이런 사람은 돈이나 명성 같은 외재적 목표를 성취한다 해도 그로 인해 행복해하지는 않는다.

내재적 동기부여가 잘 되는 사람이 내재적인 목표들을 성취한다면 그 성취가 불안과 스트레스 같은 일빙에 미치는 영향도 웰빙에 미치는 영향만큼 클 것이다. 그런데 여기서 가장 놀라운 점은 외재적 목표들을 높이 평가하는 사람이 그 목표들을 이뤘는데, 그 성취가 오히려 그 사람의 일빙을 더욱 높인다는 점이다. 달리 표현하면, 외재적 목표는 웰빙에 아무런 영향을 미치지 못하고, 그 목표를 이루는 것이 오히려 일빙을 만들어낸다는 뜻이다. 예를 들면, 돈과 명성을 소중히 여기는 사람이 돈과 명성을 얻었는데, 그 같은 사실이 장기적으로는 그 사람을 덜 행복하게 만든다는 말이다.

이 말은 얼핏 보면 터무니없어 보인다. 그러나 한 번만 더 생각해보라. 어떤 사람이 자유와 배움과 사회적 관계를 중요하게 여기는데 그런 것들을 성취한다면 그 사람은 매우 행복해할 것이다. 반면에 돈과 명성 같은 외재적 동기는 그것이 성취되는 순간 이미 그 다음 목표가 지평선에서 어른거리게 된다. 게다가 그 다음 단계를 성취하기는 그 전 단계보다 훨씬 더 어렵게 마련이다. 결국 새로운 목표가 불안과 스트레스를 야기하게 된다.

만약에 당신의 목표가 1년에 10만 달러를 버는 것이었는데 그것을 이루었다고 하자. 그러면 그 다음 목표는, 예를 들어, 1년에 20만 달러 아니면 50만 달러를 버는 것으로 정해질 것이다. 1년에 10만 달러를 버는 것도 어려웠는데 1년에 50만 달러를 벌어야 한다면 그것은 시련이나 다름없는 노력을 필요로 할 것이다.

내재적 동기는 웰빙에 기여하고 일빙을 낮춰준다. 그러나 외재적 동기의 경우, 성취의 순간에는 행복도를 크게 높일 수 있지만 장기적으로 보면 웰빙에 아무런 기여를 하지 못하며 오히려 일빙만 악화시킬 수 있다. 이것이 외재적 동기와 성취가 가지고 있는 딜레마다. 그런데 상당수의 사람들이 외재적 동기에 비중을 두고 살아간다.

내재적 동기부여의 3요소

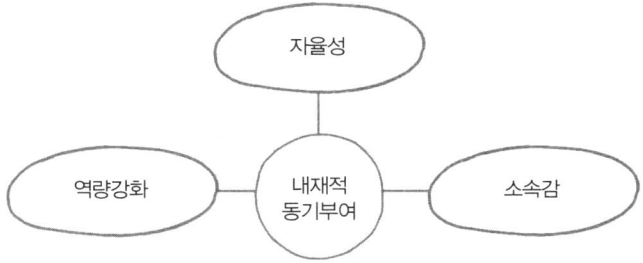

3가지 심리적 욕구

내재적 동기의 핵심에는 심리적 성취 욕구가 자리 잡고 있다. 라이언과 데시는 기본적인 심리적 욕구를 3가지로 구분한다. 자율성과 역량강화와 소속감이 그것이다. 이 욕구들이 충족되면 우리는 행복한 삶을 살아갈 수 있다. 그러나 이 욕구들이 충족되지 못한다면 우리는 불만과 불안을 경험할 것이다.

이 3가지 요소를 차례로 하나씩 살펴보도록 하자.

자율성

자율성은 자신의 행동을 통해서 자신의 삶에 영향을 미칠 수 있다는 느낌을 의미한다. 달리 말하면, 자율성은 자신의 삶의 방향과 내용이 다른 누군가의 명령을 따르지 않으며, 스스로 자기 삶의 다양한 영역을 꾸리는 데 필요한 태도와 능력을 두루 갖추고 있다는 것을 의미한다. 자율성은 인지능력과 삶에 대한 만족도와 학습능력을 크게 향상시킨다.

동기부여 심리학의 대가인 대니얼 핑크는 이렇게 말한다.

"자율적인 동기부여는 개념에 대한 이해도를 높이고, 성적을 높이고, 수업시간과 스포츠 활동에서 인내심을 발휘하게 하고, 생산성을 높이고, 극도의 피로감이 덜 일어나게 하고, 심리적 만족감을 높여준다."

우리는 자율성을 일상에서 아주 다양한 형식으로 경험하고 있다. 물론 활용 가능한 돈의 액수나 우리가 사는 장소, 우리가 알고 지내는 사람들처럼 우리를 억제하는 요소들도 있다. 또한 우리의 내면에서 일어나는 억제도 있다. 우리의 기술과 능력, 믿음, 지식, 심지어 우리의 편향과 편견도 그런 내면적 억제 요소다. 이 모든 것은 우리가 주어진 상황에 대해 반응할 행동의 범위를 정한다.

그러나 자율성은 사실 독립이나 자유와는 다르다. 스콧 릭비$^{\text{Scott Rigby}}$와 리처드 라이언이 말하듯이 "자유만으로는 충분하지 않다. 주어진 환경 안에서 우리 자신을 위한 진정한 기회를 볼 수 있어야 한다". 자율성은 마음 깊은 곳에 자리 잡고 있는 어떤 태도다. 자율성은 다른 사람들과의 상호의존에서 비롯된다.

대니얼 핑크는 이렇게 쓰고 있다.

"자율성은 독립과 다르다. 자율성은 아무도 믿지 않고 홀로 길을 가는 개인주의가 아니다. 그것은 선택에 따라 행동하는 것을 의미한다. 이는 곧 우리가 자율적이면서도 다른 사람들과 더불어 행복하게, 상호의존적으로 살 수 있다는 것을 의미한다."

사실 자율성에는 일상적인 의미에서 말하는 자유조차 필요하지 않을 수도 있다. 정신과 의사인 빅토르 프랑클은 제2차 세계대전 동안에 아우슈비츠 수용소에 감금되었다. 그의 아내와 부모는 거기서 죽었고 그의 친구들 역시 같은 운명을 겪었다. 하지만 프랑클은 강제수용소에서 살아남아 '실존 분석적 정신요법^{logotherapy}'을 개발했다.

『의미를 찾아서 $^{Man's\ Search\ for\ Meaning}$』라는 책에서 프랑클은 아우슈비츠의 경험을 풀어놓는다. 그는 다른 수용자들을 돌보고 그들의 삶의 질을 개선하기 위해 노력함으로써 자신의 삶에서 의미를 창조하고 자신의 정신과 삶을 온전하게 지키기 위해 몸부림치던 가슴 뭉클한 이야기를 들려준다.

프랑클의 자유는 우리가 상상할 수 있는 최악의 수준으로 떨어져 없는 것이나 마찬가지였지만 그의 자율성, 즉 자신이 세상을 바꿔놓을 수 있다는 의지만은 아주 강했다. 자율성은 자신의 삶에 영향을 미치고 선택의 자유를 경험할 수 있는 능력을 의미한다.

> **아이의 자율성을 키우는 법**
> 1. 아이가 이루길 원했으나 아직 이루지 못한 일에 대해 이야기를 나눈다.
> 2. 그 일을 할 수 있는 길을 찾아 다이어리나 캘린더에 계획을 적게 한다.

역량강화

인간은 기본적으로 능동적인 존재다. 결과를 끌어내고 일을 처리하는 능력이야말로 인간의 가장 강력한 동기부여 요소 중 하나다. 아이들 역시 자신이 아주 잘 할 수 있는 일을 할 때 만족감을 느낀다.

릭비와 라이언은 이렇게 적고 있다.

"태어나서부터 어른이 될 때까지 우리는 줄곧 새로운 도전을 통해 스스로를 만들어 간다. 새로운 도전을 극복하는 데는 순수한 즐거움이 수반된다. 도전을 추구하고 그 도전을 극복하는 것은 원래 즐겁고 활력을 불어넣는 일이다."

역량강화는 아이들이 충분히 재미있으면서도 도전적인 일들을 하고 거기서 자신이 소중히 여기는 결과를 끌어낼 수 있다는 것을 의미한다. 도전에 직면하고 극복함으로써 아이들은 자신이 하는 일에 더욱 능숙해진다. 그런 성취가 언제나 주어지는 것은 아니다. 뭔가 해냈다는 성취감은 아이들이 새로운 과제나 프로젝트에 진지한 노력을 쏟으며 그것을 진척시켜 놓을 때만 생겨난다. 역량강화는 목표지향적인 행동을 통해 나타나지만 목표는 행동을 일으키는 방법에 지나지 않는다. 중요한 것은 언제나 행동 그 자체다.

목표 달성이 행복이나 성취감을 빨리 안겨줄 수는 있다. 그러나 그런 느낌은 너무 빨리 지나가 버린다. 복권에 당첨된 사람과 사고로 하반신이 마비된 사람 모두 비교적 빨리, 대략 1년 정도 지나면 그 전의 행복 수준을 되찾는다고 한다. 자극의 강도로 보면 긍정적인 사건과 부정적인 사건이 다르지 않은 셈이다. 그러나 활동 자체가 보상이 된다면 만족감은 더욱 오래 지속된다. 역량강화에 대한 심리적 욕구를 충족시켜주는 것은 난관을 뚫은 데 대한 보상, 즉 목표 자체가 아니고 자신의 한계를 넓히고 새로운 기술과 지식을 개발했다는 느낌이다.

역량강화의 욕구를 충족시킨다는 것은 당신이 흥미를 유발할 만큼 충분히 도전적인 과제를 감당할 수 있다는 것을 의미한다. 지나치게 도전적이어서 마무리 짓기 불가능한 과제를 맡는 것은 오히려 만족도를 떨어뜨린다. 도전과 기술의 균형을 그런 식으로 유지하며 활동할 수 있다면 실제로 몰입의 상태에 도달할 수 있다.

> **아이의 역량을 강화하는 법**
> 1. 아이가 진정으로 원하고 또 잘하는 3가지에 대해 이야기를 나눈다.
> 2. 하고 싶은 만큼 자주 하지 못하는 일 중 하나를 할 날을 정해 캘린더에 적게 한다.

소속감

자율성과 역량강화가 개인적 관점에서 웰빙의 초석을 형성하는 한편 사회적 집단과 연결되어 있다는 느낌, 즉 소속감은 결정적인 동기부여 요소로 작용한다.

릭비와 라이언은 이렇게 쓰고 있다.

"인간은 원래부터 다른 사람과의 연결을 추구하고 의미 있는 길로 상호 교감한다고 느끼게 되어 있다. 소속감에 대한 욕구는 외부 자극 없이 우리 모두의 마음속에서 자연스럽게 일어난다. 우리는 서로 관계를 맺고 서로 소속되어 있다고 느끼도록 진화했다."

소속감은 다른 사람들과의 의미 있는 관계를 맺고자 하는 욕구다. 달리 표현하면 소속감은 내가 다른 사람들에게 중요하고 또 나의 행동이 다른 사람들의 삶에 기여한다는 느낌을 의미한다. 우정과 동료애, 사회적 관계도 소속감의 일부이지만, 다른 사람들에게 기여하고 다른 사람들의 인생을 개선시키고 그런 일에 대해 책임을 느끼는 것 또한 소속감의 중요한 요소다.

> **아이의 소속감을 키우는 법**
> 1. 아이가 관심을 쏟고 있는 누군가에 대해 이야기를 나눠본다.
> 2. 그를 행복하게 만들 방법에 대해 궁리하게 한다. 그에게 전화를 걸어도 좋고, 작은 선물을 사줘도 좋고, 무엇인가 도움을 줘도 좋다.

릭비와 라이언이 강조하는 3요소, 즉 인정과 응원과 영향력은 소속감 충족의 중요한 포인트다. 인정은 우리라는 존재가 눈길이나 미소를 통해서 다른 사람들의 주목을 받고 있다는 것을 의미한다. 응원은 다른 사람도 우리와 연결되어 있으며 그들 자신의 욕구뿐만 아니라 우리에게 중요한 것에도 주의를 기울이고 있다는 것을 의미한다. 영향력은 우리가 다른 사람에게 어떤 식으로 영향을 미치는지를 우리 눈으로 확인할 수 있다는 것을 의미한다.

자율성과 역량강화 욕구는 우리 자신만으로 충족될 수 있는 반면 소속감의 욕구는 다른 사람의 개입을 요구한다. 여기서 말하는 다른 사람은 광범위하다. 즉, 소속감의 충족도 다양한 방법으로 이루어질 수 있는 것이다.

영화 '캐스트 어웨이$^{Cast\ Away}$'에서 톰 행크스가 연기한 척 놀랜드란 인물은 황폐한 섬에 표류해 오도 가도 못하게 된다. 그러자 그는 외로움을 달래기 위해 배구공에 사람 얼굴을 그리고 윌슨이라는 이름을 지어준다. 이런 식으로 그는 홀로 섬에 갇혀 지내면서도 소속감의 욕구를 어느 정도 충족시킨다.

사람들이 사회적 집단의 일원으로 느끼고자 하는 욕구는 본능적이다. 만약에 오랜 기간 동안 강제로 혼자 지내게 된다면 우리는 틀림없이 미쳐버릴 것이다. 릭비와 라이언이 지적하는 대로 "사람들로부터 퇴짜를 맞는 것이야말로 심리적 경험 중에서 가장 고통스런 경험이다". 실제로 어느 사회 집단에서 쫓겨난 상태로 지내는 사람은 육체적 고통을 겪을 때 활성화되는 뇌 부위의 활동이 높아지는 것으로 나타났다. 정신적 고통이나 육체적 고통이나 별반 다를 것이 없는 것이다.

자율성과 역량강화와 소속감은 서로를 뒷받침할 뿐만 아니라 긍정적인 순환의 고리를 만들어낸다. 따라서 자율성이 역량강화의 요인들을 더 많이 발견할 가능성을 높여준다. 학교에서는 학생들이 행위 자체에 의미를 두면서 진정으로 즐길 수 있는 관심 분야를 더 많이 발견하게 하

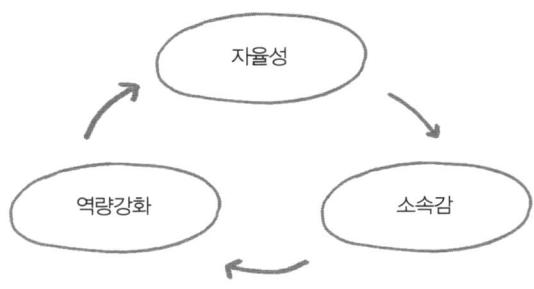

면 된다. 그렇게 하면 이번에는 아이들이 사회에 기여하고 긍정적인 영향력을 발휘할 기회가 늘어날 것이다.

　우리가 다른 사람들에게 행복을 안겨주거나 그들을 이롭게 할 무엇인가를 만들어낸다면 다른 사람들은 우리의 시간을 보상해주려 할 것이다. 이 보상을 통해서 우리는 자신의 역량강화 욕구를 충족시킬 방법을 찾는 일에 자율성을 더 많이 발휘하게 되고, 그 결과 우리가 다른 사람들에게 기여할 더 다양한 길을 발견하게 된다.

내재적 동기와 학습

미디어 이론가 마샬 맥루한은 자신의 저서 『미디어는 메시지다 The Medium is the Message』에서 이렇게 쓰고 있다.

"학습, 즉 교육의 과정은 항상 재미없는 것들을 떠올리게 한다. 또한 우리는 학생이라면 당연히 진지해야 한다고 생각해 왔다. 하지만 이제는 유머를 중요한 자기계발 요소로 여길 만큼 달라졌다. 통찰력 넘치는 촌철살인의 농담이 한 권의 책에 담긴 평범한 견해보다 훨씬 더 의미 있을 수 있다."

학습이 재미없어서는 곤란하다. 학습이 정말 재미없다면 성과를 기대하기 어려울 것이다. 자율성과 역량강화와 소속감은 효과적인 학습에 아주 중요한 요소들이다. 이들 심리적 욕구가 충족되지 않는다면 지속적인 학습 또한 불가능하다고 해도 과언이 아니다.

학생들은 학점을 잘 받으려고 앵무새처럼 기계적으로 대답할 수 있다. 그러나 학생이 동기부여를 받지 못할 때 받아들이는 정보의 양은 정말로 미미한 수준이다. 또한 내재적 동기부여와 외재적 동기부여의 차이도 상당히 크다.

데시를 비롯한 전문가들이 보여주듯, 내재적으로 동기부여를 받은 학생들이 오로지 시험성적을 목표로 공부하는 학생들에 비해서 개념을 더 잘 배우고 이해도 더 잘 한다. 교육 심리학 교수인 키르스티 론카와 그녀의 박사 과정 학생인 엘리나 케토넨은 한 연구에서 참여와 역량강화의 느낌과 스스로 공부하는 시간의 양이 대학 강의에서 얻는 학점과 긍정적인 관계를 보인다는 사실을 발견했다. 이들의 연구는 또한 공부하는 환경에 있어서도 인지적인 측면과 동기부여의 측면이 학생의 삶의 질과 연결된다는 사실을 증명해 보였다.

현대의 학교에서 자율성을 기대하기는 어렵다. 모든 수업은 시간에 맞춰 시작되고 끝난다. 숙제도 정해진 날까지 끝내야 한다. 그리고 교실에서는 자발적으로 행동하는 것이 불가능하다. 실질적으로 교실 안에서의 모든 활동은 교사에 의해 설계되고 조정된다.

그러나 릭비와 라이언이 강조하듯이, 학생들이 공부를 하면서 자율성을 느낄 때 공부에도 더 깊이 몰입하게 되고, 공부 효과도 더 높고, 배운 것도 더 오래 기억하고, 성취감도 더 강하게 느낀다. 반면에 통제를 많이 받는 학습은 불안을 야기하고 실패에 대한 저항력을 떨어뜨린다. 물론 이는 앞에서 얘기한 내재적 동기에 관한 다른 연구와도 상통한다.

능력과 몰입에 대해 말하자면, 성취하고 성장할 수 있다는 느낌은 학습에 결정적인 영향을 미친다. 사실, 성취하고 성장할 수 있다는 느낌 자체가 학습이다. 그 느낌은 어떤 일을 생각하거나 처리하는 새로운 방식을 떠올리는 능력이다.

론카와 케토넨은 이렇게 쓰고 있다.

"만약에 사람들이 오랜 시간 동안 똑같은 수준의 긴장감을 유지한다면 그들은 아무 이유 없이 지루해할 것이다. 때문에 몰입은 과제의 복잡성을 끊임없이 증대시키고 개인이 발전하도록 고무한다. 즉, 몰입은 지적 진화에 역동적인 힘으로 작용한다. 몰입은 사람들이 스스로를 확장하고, 도전을 받아들이고, 지속적으로 자신의 능력을 향상하도록 강요한다."

마지막으로, 소속감은 학습에도 중요한 역할을 한다. 왜냐하면 가장 효과적으로 배우는 방법의 하나가 다른 사람들과 자신의 지식을 공유하는 것이기 때문이다. 학습의 사회적 측면은 레프 비고츠키[Lev Semyonovich Vygotsky]에서 잭 메지로[Jack Mezirow]에 이르기까지, 그리고 제롬 브루너[Jerome Bruner]에서 위리외 엥게스트룀[Yrjö Engeström]에 이르기까지 훌륭한 교육 전문가들이 주로 강조하고 있는 학습의 효과다. 학습의 사회적 측면은 또한 현대의 학교가 팀워크나 집단 과제를 통해 배양하고자 하는 것이기도 하다.

심지어 강의하는 행위까지도 일종의 사회적 행위로 여겨질 수 있다. 그러나 여기서도 마찬가지로 소속감의 모든 측면이 두루 고려될 때 가장 효과적인 학습이 이루어진다. 사회적 환경에서 인정을 받고 있다는 느낌과 응원을 받고 있다는 느낌, 다른 사람과 교감하는 느낌까지 고려되어야 한다는 뜻이다. 달리 표현하면, 강의에서 학생의 역할이 수동적으로 듣기만 하는 데서 그친다면 소속감에 대한 욕구는 충족되기 어렵다.

내재적 욕구의 충족이 지속적인 학습과 수행력, 창의성 그리고 지식의 이전으로 이어진다는 것을 보여주는 연구가 꾸준히 진행되고 있다. 반대로 보상과 협박, 마감일, 지시와 경쟁 같은 외재적 동기부여 요소들은 오히려 내재적 동기를 훼손하는 것으로 확인되고 있다. 이 때문에 심리적 욕구를 충족시키는 것은 깊고 지속적인 학습을 가능하게 하는 데 아주 중요하다. 그렇게 하기 위해서 우리는 외재적 보상과 처벌에서 학생 지향적인 내재적 학습으로 방향을 틀어야 한다.

자율성과 역량강화, 소속감은 인간의 행위를 좌우하는 강력한 동기부여 요소들이다. 그것들은 또한 효율적이고 지속적인 학습에 결정적인 영향을 미친다. 이 3가지 요소 모두가 학습에 크게 기여하지만 그중에서도 굳이 따진다면 학습의 열쇠는 역량강화다. 그리고 역량강화를 경험할 최적의 상태가 바로 미하이 칙센트미하이[Mihály Csikszentmihályi]가 말하는 플로우[flow], 바로 몰입이다.

몰입에 대해서는 뒤에서 좀 더 자세히 알아보도록 하자.

최적의 학습 환경이 만들어지는 메커니즘

나의 남동생 '파보'는 학습부진아였다. 그가 14세일 때 그의 수학교사가 그를 따로 불러내서 이렇게 말했다. "파보, 나에게 약속해. 수업이 끝나면 곧장 철물점으로 가서 삽을 하나 사겠다고. 너에게 어울리는 것은 삽뿐이니까 말이야." 파보는 절망감을 느꼈다. 그러나 그는 교사들로부터 게으르고 우둔하다는 비난을 들으면서도 전혀 굴하지 않고 계속 앞으로 나아갔다.

몇 년 뒤, 파보는 우연히 컴퓨터그래픽에 관한 BBC 방송의 다큐멘터리 프로그램을 시청하게 되었다. 그는 즉시 컴퓨터그래픽에 매료되었다. 그는 '페인트샵 프로'와 '포토샵'으로 이미지를 하나씩 창작하면서 하루하루 그 일에 몰입하기 시작했다.

고등학교를 졸업하자마자 그는 친구와 함께 웹디자인 회사를 차렸다. 10년이 지난 지금, 파보는 핀란드에서 큰 명성을 얻고 있는 한 디지털

에이전시의 크리에이티브 디렉터로 일하고 있다. 그리고 지난봄에 그는 자신이 디자인한 노키아의 한 캠페인 작품으로 웨비어워드(인터넷의 '오스카' 상으로 통한다)를 수상했다. 파보는 컴퓨터그래픽에서 자신의 가능성을 발견한 것이다.

몰입이란 무엇인가?

클레어몬트 대학의 심리학 교수인 미하이 칙센트미하이는 몰입 이론을 개발한 것으로 이름이 높다. 몰입은 한마디로 '최적의 상태'를 일컫는다. 이 상태에서 사람들은 놀랄만한 성취를 이루고 스스로를 확장할 수 있다.

몰입이 이루어지려면 다음의 4가지 조건이 필요하다.

1. 지금 수행 중인 과업에 온 정신을 집중해야 한다.
2. 과업으로부터의 구체적인 피드백을 받을 수 있어야 한다.
3. 과업의 목적이 뚜렷해야 한다.
4. 과업이 요구하는 수준과 필요한 기술이 능력과 균형을 이루어야 한다.

몰입 상태에서 우리의 의식은 행위 자체와 부드럽게 하나가 되는 것처럼 보인다. 우리가 그 행위에 아주 깊이 몰두하고 있기 때문에 언어적 사고나 의식적 사고가 우리 마음에 끼어들지 못한다. 연구가 보여주듯 주변에서 일어나는 소음 같은 아주 미세한 변화도 몰입을 깨뜨릴 수 있다. 환경에 의존하는 이 같은 정신작용들은 예를 들어서 귀마개를 사용하거나 고요한 방에서 작업함으로써 다소 통제된다면 좀 더 쉽게 접근할 수 있다.

몰입은 우리가 하는 일의 진척상황에 관한 피드백을 끊임없이 요구한다. 피드백이 없다면 우리의 행위가 실제로 바라는 결과를 낳고 있는지를 알 길이 없다. 예를 들어 피드백이 없을 경우에는 보다 의식적인 노력이 필요할 것이고, 그렇게 되면 결국 몰입을 방해하는 결과를 낳게 된다.

> **몰입 테스트**
> 1. 휴대전화 알람이 하루에 4번씩 울리도록 설정해 둔다.
> 2. 알람이 울릴 때마다 가능한 한 빨리 그 순간 하고 있는 일을 적고, 그 일이 어떤 느낌인지에 대해서도 기록한다.
> 3. 한 달 동안 실천한 다음에 어떤 종류의 일이 자신을 몰입 상태로 안내하는지 분석한다.

마지막으로, 몰입은 어떤 일이 요구하는 수준이나 조건과 개인이 현재 보유하고 있는 기술이나 능력이 균형을 이루어야 한다. 주어진 과제가 너무 쉽다면 과제를 수행하는 데 필요한 능력 수준이 너무 낮아서 집중력이 흐트러진다. 반대로 과제가 너무 어렵다면 불안과 걱정에 휩싸여 과제 수행을 제대로 할 수 없다. 어느 쪽이건 몰입 상태가 깨지고 마는 것이다.

몰입의 정신생리학

몰입은 일종의 스트레스 상태다. 그러나 그것은 부정적인 스트레스, 즉 '디스트레스^{distress}'가 아니라 일종의 긍정적인 스트레스 즉 '유스트레스^{eustress}'다. 몰입의 상태에 있으면 몸과 뇌가 평소 안락하게 활동하던 영역 밖으로 밀려나가고 스트레스 상황에서 벌어지는 것과 유사한 생리현상이 일어난다. 즉 코르티솔 수치가 올라가고 심장박동이 감소된다. 과제의 요구수준과 능력이 균형을 이루면 인지활동은 거의 자동적으로 일어난다.

아주 흥미로운 점은, 실험자가 비디오게임을 하면서 몰입을 경험하고 있을 때 스트레스 호르몬인 코르티솔의 수치가 높은 것으로 측정된다는 사실이다. 그러나 약물을 투입해 인위적으로 코르티솔 수치를 높인다면 몰입은 제대로 이루어지지 않는다. 사실 몰입의 정신생리학은 그 활동에 쏟아진 각성의 양과 상관관계를 보이면서 역逆 U커브를 그린다. 이 각성은 전형적으로 스트레스 변수에도 동일하게 나타난다.

각성 수준이 낮을 때 그 사람은 몰입이 아니라 오히려 권태와 같은 감각을 경험한다. 거꾸로 각성 수준이 지나치게 높을 때 그 사람은 불안과 스트레스를 경험한다. 각성이 제대로 균형을 이룰 때 그 사람은 편안한 행위의 상태로 부드럽게 들어갈 것이다. 그 상태에서 그 사람의 마음과 몸은 최상의 기능을 발휘하면서 결과물을 내놓을 것이다. 지금 우리가 알고 있는 맥락에서 본다면 몰입 상태는 적절한 생리적 각성 상태라고 할 수 있다. 그 상태에서 사람은 어느 정도의 긍정적 스트레스를 받

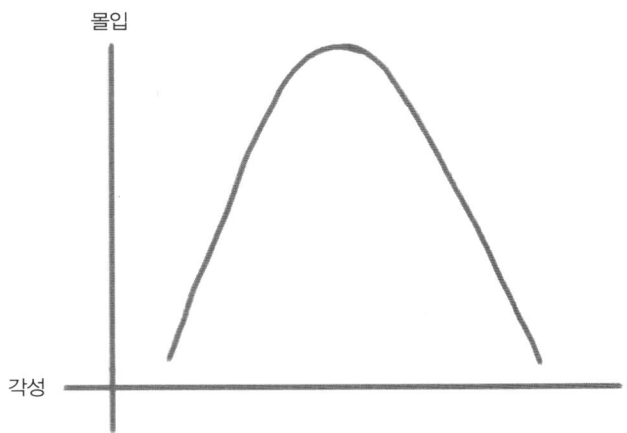

으며, 그러면서도 그 스트레스에 짓눌리지 않은 가운데 활동할 수 있다. 이와 비슷하게, 적절히 각성된 상태에서 새로운 신경의 연결도 가장 효율적으로 이루어진다.

몰입과 최적의 수행 지대

작은 마을을 상상해보라. 마을 사람들은 행복하고 만족스러운 삶을 영위하고 있다. 배도 부르고 난로에는 항상 따뜻한 불이 켜져 있다. 그들은 세상사가 돌아가는 방식에 편안함을 느끼고 있다. 그러나 문제는 배를 채울 양식과 난로에 불을 피울 땔감이 언젠가는 바닥을 드러내게 되어 있다는 사실이다. 그래서 마을 사람들은 음식을 얻고 나무를 모으기 위해 인근 숲으로 자주 들어가야 한다. 마을에서의 삶이 아늑하고 편안한 반면 마을 밖으로의 여행은 노력과 용기를 요구하고 어느 정도의 도전에 맞닥뜨려야 한다. 그럼에도 불구하고 마을 사람들은 이런 모험을 하면서 행복 그 이상의 무엇인가를 느낀다. 어쨌든, 그들이 마을을 떠나지 않는다면 그들의 안전지대는 결국 식량과 땔감의 부족이라는 위기에 직면할 것이다. 다행히 마을 밖으로 용감하게 나서는 것은 마을 사람들이 좋아하는 일이다. 그들은 그것을 즐긴다.

안락지대는 주어진 과업도 쉽고 그것을 수행하는 데도 최소한의 노력이 필요한 지역이다. 안락지대 그 너머에 위험지대가 있다. 거기서는 과제를 수행하기가 아주 어려워져서 실패할 가능성이 높다. 이렇게 되면

안락지대, 최적의 수행지대, 위험지대

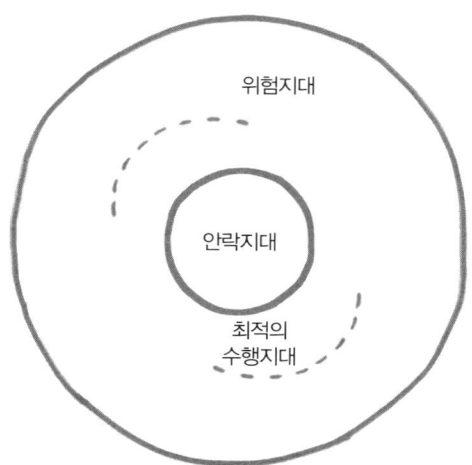

좌절과 낙담을 겪고, 결과적으로 주어진 과제를 성공적으로 수행하는 것은 더욱 어려워진다.

이 두 지대 사이에 최적의 수행지대가 있다. 주어진 과제가 흥미를 계속 불러일으킬 만큼 적당히 도전적이고, 그래서 과제를 성공적으로 완수하는 것이 그다지 어렵지 않은 지대다. 최적의 수행지대는 또한 새로운 것을 배우고 지식을 확장하는 데 결정적인 역할을 한다. 최적의 수행지대는 우리가 무엇인가를 생각하고 행동하는 새로운 방법을 시도할 수 있고 또한 최상의 능력을 발휘할 수 있는 곳이다.

러시아의 교육 선구자인 레프 비고츠키는 근접발달영역$^{\text{Zone of Proximal Development}}$에 대해 주창했다. 그는 여기서 "아이들은 보다 뛰어난 부모나 교사, 동료들과의 상호작용을 통해 더 높은 발달수준으로 도약할 수 있다"고 역설한다. 학습자는 교사와 코치 혹은 멘토의 도움을 통해 자신의 수행력을 조정하며 주어진 과제를 성공적으로 수행할 수 있는 새로운 기술을 습득하면서 실천능력도 키울 수 있다.

근접발달영역이라는 개념은 우리 자신이 안락하다고 느끼는 영역과 명백히 도전적이라고 느끼는 영역 사이의 균형에 대해 쉽게 설명하고 있다. 학습이 가장 활발하게 일어나는 지점은 내가 보유한 실력은 높은데 과제 난이도가 너무 낮아서 찾아오는 권태와 내가 보유한 실력은 낮은데 해결해야 될 과제 난이도는 너무 높아서 찾아오는 불안, 그 사이에 있다.

권태와 불안 사이에 자리한 최적의 상태

질리언이 8세 때의 일이다. 그녀는 좀처럼 가만히 있지를 못했으며 끊임없이 수업을 방해했다. 요즘 같으면 그녀는 아마 '주의력결핍 과잉행동장애[ADHD]' 진단을 받았을 것이다. 어머니는 질리언을 병원으로 데리고 갔다. 질리언을 관찰하던 의사는 질리언을 잠깐 혼자 두는 게 좋겠다고 제안하며 그녀의 어머니와 함께 자리에서 일어섰다. 그리고는 라디오를 켜놓고 진료실을 비웠다.

두 사람은 창밖에서 조용히 질리언을 관찰했다. 라디오에서 흘러나오는 음악에 귀를 기울이던 질리언은 자리에서 벌떡 일어나 천사처럼 춤을 추기 시작했다. 의사가 질리언의 어머니 쪽으로 몸을 돌리며 말했다. "보셨지요, 린 부인. 질리언은 어디가 아픈 게 아닙니다. 질리언은 타고난 댄서예요."

질리언의 어머니는 딸을 댄스 교습소로 데려갔다. 거기서 질리언은 자기처럼 가만히 있지 못하는 학생들이 많다는 사실에 놀랐다. 나중에 질리언 린은 로열발레단에 들어갔고 거기서 앤드류 로이드 웨버를 만났다. 나중에 그녀는 당대 최고의 뮤지컬로 평가받던 '캣츠'와 '오페라의 유령'의 안무를 맡았다.

만약에 질리언이 댄서가 아니라 장애아라는 진단을 받았더라면 질리언의 운명은 어떻게 되었을까? 오늘날 얼마나 많은 학생들이 질리언의 의사처럼 통찰력 있는 의사를 만나지 못한 채 ADHD 진단을 받고 있을까? 그런데 다행히도, 칙센트미하이 이론의 핵심을 이루는 개념인 '플로우 채널$^{flow\ channel}$'에 그 치유법이 있다.

몰입의 놀라운 가능성

지난 20년 동안 나온 재능과 전문 기술에 관한 수많은 연구보고서들이 연습을 하면 기술이 크게 향상된다는 것을 보여주고 있다. 그럼에도 불구하고 우리는 여전히 재능은 타고난다는 주장 쪽으로 마음이 기울고 있다. 그러나 칙센트미하이가 요약하듯이, 우리 모두는 무엇이건 배울 수 있다.

"올림픽 선수들만이 자신의 한계 너머까지 도전하면서 즐거움을 느끼는 것은 아니다. 사람은 누구나 조금 더 높이, 조금 더 빨리, 조금 더 강하게 성장할 수 있다. 육체의 한계를 능가하는 즐거움은 모든 사람에게 열려 있다."

신경계는 신경가소성^{神經可塑性}의 원칙에 따라 발달한다. 10년 전까지만 해도 뇌는 20세쯤 되면 굳어진다는 관점이 정설로 받아들여졌지만 이 견해는 완전히 틀린 것으로 판명되었다. 뇌는 나이가 들어도 계속 변화하고 발전한다.

나이가 들면 인지 능력이 떨어지는 것은 사실이지만 인지 연습을 꾸준히 하면 나이에 따른 능력 저하를 크게 줄일 수 있다는 사실이 확인되었다. 인지 능력을 키우는 연습을 하면 74세 노인도 16세와 비슷한 인지 능력을 확보할 수 있다. 정말 놀랍지 않은가! 켄 로빈슨$^{Ken\ Robinson}$이 강조하듯이 "뇌를 능동적인 방향으로 계속 사용하는 한 우리는 나이가 들어도 신경회로를 계속 형성할 수 있다". 마치 늙은 개도 연습하는 것을 싫어하지만 않는다면 새로운 재주를 배울 수 있는 것처럼 말이다.

권태와 불안 상태에 놓인 아이들

파블로 피카소는 "모든 아이는 예술가다. 문제는 성장한 뒤에도 예술가로 남는 방법이다"라고 했다. 아이들은 몰입 상태에 빠지는 데 명수다. 만약에 어떤 아이가 몰입 상태에서 벗어난다면 대체로 그에 대한 반응이 즉각적으로 나타난다. 좌절감을 느낀 아이는 "너무 어려워요", "도와주세요" 하는 식으로 불안을 드러내며 부모나 교사에게 도움을 청할 것이다. 반대로 아이가 지루함을 느끼게 된다면 아이는 몸을 뒤틀기 시작하거나 "엄마, 심심해요"라는 식으로 자신의 권태를 호소할 것이다.

이런 반응들은 일선 학교에서 피하려고 엄청나게 노력하는 상황들이다. 도움을 청하는 것은 나약함, 즉 무지의 신호이며 최악의 경우에는 속임수의 신호로 받아들여질 때가 많다. 그리고 권태에 대한 표현은 그 아이에게 주의력 결핍이라는 낙인을 찍게 할 것이다.

미하이 칙센트미하이는 실제로 자신의 연구에서 몰입을 방해하는 두 가지 상반된 상태가 있다는 것을 발견했다. 권태와 불안이다. 만약에 지금 해야 될 과제가 지나치게 도전적이라면 우리는 바로 스트레스를 느

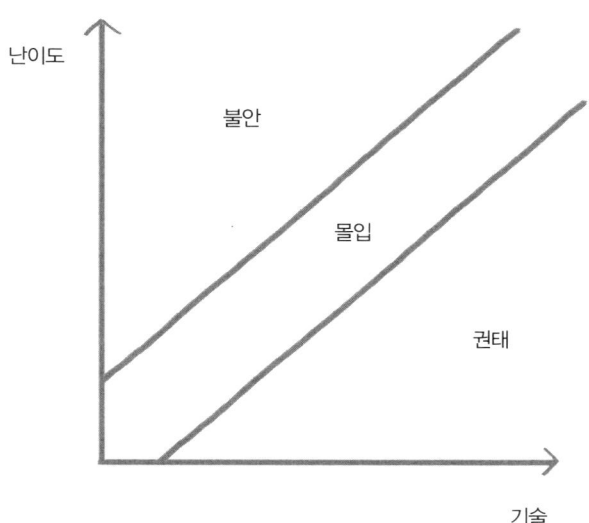

플로우 채널은 권태와 불안 사이에 자리한 최적의 상태,
즉 몰입을 시각적으로 보여준다.

57

끼게 된다. 이런 식의 불안감은 학생들뿐만 아니라 직장인들도 비슷하게 경험한다. "이건 절대 불가능해! 나로선 어찌 할 수가 없어!" 하는 식의 좌절감에 사로잡힌다.

반대로 주어진 과제가 너무 쉬우면 이번에는 권태를 느낀다. 실질적인 가치가 거의 없거나 흥미를 전혀 불러일으키지 못하는 어떤 일을 놓고 대화하는 모임을 생각해보라. 평범한 사람이라면 가급적 이런 상황을 피해 도망갈 길을 찾기 시작할 것이다.

플로우 채널은 적당한 긴장감을 느끼면서도 좌절하지 않을 정도로 의식이 최적의 각성 상태 안에 놓여 있는 경우를 말한다. 도전적인 과제 앞에서 적당한 긴장감과 함께 의식상태가 충분히 각성되어 있긴 하지만 그것 때문에 스트레스를 받아 파김치가 되지 않을 만큼 각성 상태가 유지될 때 우리는 몰입을 경험한다.

스티브 잡스는 자신의 전기에서 4학년 때 교사인 이모진 힐에 대해 언급했다. 잡스는 끊임없이 문제를 일으키는 학생이었다. 잡스를 짓궂은 장난과 주의를 방해하는 행동을 바탕으로 평가하자면 '심슨 가족'의 주인공 바트 심슨과 비슷한 수준이었다. ADHD 진단이 흔한 지금 같은 시대였다면 잡스도 일차 후보자였을 가능성이 아주 높다. 그러나 이모진 힐은 잡스가 문제를 일으키는 것이 그가 나쁜 아이거나 어딘가 아프기 때문이 아니라는 사실을 금방 깨달았다. 힐 선생의 진단은 어린 스티브가 단지 심심해서 죽을 지경이라는 것이었다. 잡스는 4학년 교과 과정의 상당 부분을 자기 또래보다 훨씬 빨리 뗀, 아주 영리한 아이였다.

힐 선생은 잡스에게 카메라를 조립하는 과제를 주면서 집에 가서 혼자

해오도록 했다. 겨우 4학년이었던 잡스는 카메라를 조립하기 위해 렌즈를 직접 갈아서 다듬어야 했다. 잡스가 나중에 이룬 성취 중에서 얼마나 많은 부분이 이 프로젝트의 영향을 받았는지 누가 알겠는가? 훗날 잡스는 힐 선생이 자신의 권태를 제대로 알아차리지 못했더라면 자신은 20세가 되기 전에 소년원에 수감되었을지도 모른다고 힘주어 말했다.

버진 그룹의 회장 리처드 브랜슨의 이야기도 이와 비슷하다. 잡스가 권태를 느끼면서 문제를 일으킨 반면 브랜슨은 친구들을 따라잡느라 힘들어했다. 그는 스포츠에 재능이 있었으나 심각한 난독증이 있었다. 결국 그는 그 문제로 인해 학교를 그만두어야 했다. 브랜슨의 담임은 브랜슨이 21세 전에 백만장자가 되든가 아니면 감옥에 수감될 것이라고 말했다.

브랜슨은 20세가 되기 전에 이미 어머니가 준 4파운드를 자본으로 첫 번째 기업을 창립했다. 기업가 정신을 추구하는 열정을 바탕으로 그는 결국 거대한 버진 그룹을 일구었다. 브랜슨은 역사 이래 가장 성공한 기업인 중 한 사람으로 꼽힌다. 그는 또한 여러 권의 베스트셀러를 쓴 저자이기도 하다. 이 책들을 통해서 그는 자신의 난독증이 내재적 동기가 약할 때는 장애가 되었지만 진정으로 쓰고 싶은 무엇인가를 발견했을 때는 자신의 노력에 전혀 방해가 되지 않았다는 사실을 털어놓았다.

잡스와 브랜슨은 자신의 인생 이야기를 통해서 플로우 채널의 양면을 보여주고 있다. 그들은 몰입 상태로 들어가는 것을 막고 있는 장애물이 제거되면 어떤 일이 벌어질 수 있는지를 보여준다. 잡스는 권태에 빠져 힘들어 하고 있었는데, 교사가 그에게 던진 도전 과제가 그를 권태의 상태에서 끌어내 몰입의 상태로 들어가도록 만들었다. 브랜슨은 반대로 불안 상태에 놓여 있었는데, 학교를 그만둠으로써 스트레스를 주는 환경에서 스스로를 끌어내 열정을 찾고 몰입의 상태로 들어갔다.

질리언 린과 스티브 잡스와 리처드 브랜슨은 행운아다. 자신의 문제가 타고난 것이 아니고 환경과 조화를 이루지 못한 데서 생긴 것이라는 사실을 알아채 줄 사람이 가까이 있었다. 하지만 바로 지금 좌절이나 권태를 느끼고 있는 아이들 중에는 그런 행운을 전혀 누리지 못하는 아이가 너무나 많다. 권태를 못 이겨 문제를 일으켰을 뿐인데 사회적인 낙인이 찍히고, 맞지 않는 환경 때문에 좌절감을 느끼는 아이들이 스스로를 재능도 없고 능력도 없는 존재라고 폄훼하는 일이 얼마나 많겠는가?

조금만 눈을 돌리면 권태에 빠져 도전의욕을 상실한 아이들, 불안에 사로잡힌 아이들이 무수히 눈에 들어올 것이다. 이 아이들을 방치하면 그들의 형편없는 수행력은 '자기실현적 예언'이 되어 고착될 것이고 그들의 자긍심은 바닥으로 추락할 것이다.

세계적인 유명인사의 사례가 아니라도 학생들이 몰입 상태에 들어가도록 만들 수만 있다면 그들이 열정을 쏟는 분야에서 반드시 의미 있는 성장을 이룬다는 것을 보여주는 증거가 얼마든지 있다. 문제는 어떤 식으로 이 같은 성장을 끌어낼 것인가 하는 것이다.

원래부터 똑똑하거나 둔한 사람은 없다. 단지 플로우 채널 안에서 공부하는 방법을 발견한 사람들과 그렇지 못한 사람들이 있을 뿐이다. 어느 누구도 모든 일에 탁월할 수는 없다. 그러나 플로우 채널 안에서 지속적으로 공부하는 방법을 발견한 사람은 자신이 하는 일에서 두각을

> **플로우 채널 활용법**
> 1. 주어진 과제가 너무 힘들다면 잠깐 낮잠을 자거나 밖에 나가 걷거나 운동을 하게 한다.
> 2. 주어진 과제가 지나치게 어렵다면 친구에게 도움을 청하게 한다.
> 3. 지금 하고 있는 과제가 너무 지루하다면 생산성이 높은 오락 도구를 이용하여 기분을 전환하게 한다. 책이나 잡지나 만화를 이용하도록 하는 것이 좋다.

드러낼 수 있다. 이것은 바로 신경계의 원칙들이 작용한 결과다.

아직 플로우 채널에서 공부할 방법을 찾지 못한 아이들에게 해줄 대답은 비교적 간단하다. 권태와 불안 또는 너무 쉽거나 너무 어려운 도전 사이의 '스위트 스팟(sweet spot 테니스 클럽이나 야구 배트 혹은 탁구 라켓 등에 공이 맞았을 때 가장 멀리 날아가게 하는 부분)'을 찾는 것이다. 권태에 빠진 사람은 더욱 앞으로 나아가고 더욱 많은 것에 도전해야 하며 불안에 빠진 사람은 장대의 높이를 낮추고 보다 쉬운 것에서 시작해야 한다. 작은 걸음을 몇 걸음만 떼면 누구나 성장할 수 있고 누구나 몰입 상태로 들어갈 수 있다. 플로우 채널이야말로 개인적 성장과 학습의 바탕이다.

특별한 마인드세트

UC리버사이드의 심리학 교수 로버트 로젠탈[Robert Rosenthal]이 1960년대에 실시한 실험은 교사의 태도가 학생들의 수행력에 미치는 효과를 연구한 것으로 유명하다. 여기서 확인된 것이 바로 '피그말리온 효과'다.

새 학기가 시작될 때 교사들은 자기 학급의 학생 중 일부가 매우 특별한 재능을 갖고 있다는 이야기를 전달받았다. 교사들은 이 같은 정보를 자신의 가르침에 반영해야 했다. 훗날 학생들이 치른 시험 결과를 보니 재능 있다고 전해진 학생들이 눈에 띄는 성적 향상을 이룬 것으로 확인되었다.

그런데 사실은 재능이 탁월하다고 전해진 학생 명단은 무작위로 작성된 것이었다. 그들 중에는 전 학기에 A학점을 받은 학생과 D학점을 받은 학생이 뒤섞여 있었다. 그러나 교사가 어떤 학생에 대해 재능이 있는 학생이라고 생각하게 되었을 때 그 교사는 자신의 추측을 증명하기 위해 그 학생에게 더 많은 노력을 쏟았다. 이 추가된 노력이 학생에게 유리하게 작용했고, 그들은 보다 쉽게 배울 수 있었던 것이다.

그러나 아이들을 뛰어나게 만드는 것은 교사나 부모의 기대만이 아니다. 아이 자신의 태도도 중요하다. 아이들이 플로우 채널로 들어가려는 노력을 제대로 펴기 위해서는 특별한 사고방식이 필요하다.

스탠포드 대학의 심리학 교수인 캐롤 드웩[Carol Dweck]은 '마인드세트[mind set]'라는 개념을 소개했다. 드웩 교수에 따르면, 사람에게는 자신의 발달 가능성에 영향을 미치는 2개의 상반된 마인드세트가 있다고 한다. 고착된 마인드세트는 기술과 재능을 불변하는 것으로 여긴다. 달리 말하면, 우리가 수학적 기술이나 물리적 기술 혹은 위대한 목소리를 갖고 있는지 여부는 주로 타고난 유전자에 의해 결정된다는 생각이다.

> 🌱 **성장을 위한 사고방식**
> 1. 비교적 쉬운 단계에서 시작하고 실력이 향상됨에 따라 점진적으로 난이도를 높인다.
> 2. 연습을 지나치게 어려워하면 도전의 수준을 조금 낮춘다.
> 3. 연습을 지겨워하면 도전의 수준을 조금 높인다.
> 4. 실패를 학습의 경험으로 받아들이게 이끈다.

고착된 마인드세트의 문제는 이것이 아주 쉽게 자기실현적 예언이 되어 버린다는 점이다. 모든 장애물이 우리의 기술을 테스트하는 시험이 된다. 만약에 우리가 과제 수행에 실패한다면 그것은 우리의 자긍심에 치명적인 타격을 입힌다. 그러므로 고착된 마인드세트를 가진 사람들은 지나치게 도전적인 과제를 피하고 대신에 안락지대에서 활동하는 쪽을 택한다. 이는 거꾸로 그들이 최적의 수행지대로 옮겨가는 것을 막을 것이고 따라서 몰입 경험을 방해한다. 결과적으로 그들의 삶의 만족도를 떨어뜨리고 학습을 방해하게 될 것이다.

반면 성장 마인드세트는 개인의 강점과 기술은 연습을 통해서 향상될 수 있다는 가정에서 시작한다. 이 마인드세트는 우리가 지금 학습과 기술의 발달에 대해 알고 있는 것과 훨씬 더 조화를 이루고 있다. 우리가 시작하는 지점이 어디든, 우리는 적절히 도전적인 과제를 발견하고 막대를 점진적으로 높임으로써 성장하고 배울 수 있다.

성장 마인드세트는 어떤 도전에 봉착할 때 그 사람의 사고가 고착된 마인드세트와 정반대로 이루어지도록 한다. 성장 마인드세트를 가진 사람은 새로운 도전을 추구하고 시간이 흐르는 만큼 성장하고 더 많은 기술을 개발하길 원할 것이다. 이 마인드세트 역시 자기실현적 예언이 된다. 막대를 높이면서 새로운 도전을 찾는 것이 기술의 발달로 이어질 것이고, 기술의 발달은 거꾸로 더욱 위대한 재능으로 비칠 것이다.

만약에 우리가 성장 마인드세트로 삶에 임하고 있다면 도전과 심지어 실패까지도 더 많은 것을 배우고 성장할 기회가 될 것이다. 성공은 임시로 도달한 수준에 지나지 않고, 실패는 과정에 지나지 않는다. 그러나 연습과 탐구를 충분히 한다면 어떠한 도전도 극복될 수 있다.

고착된 마인드세트를 가진 사람들은 긴장과 노력을 불쾌한 것으로 생각한다. 그들은 부정적인 평가를 피하고, 다른 사람의 성공을 자신에 대한 위협으로 여긴다. 반면에 성장 마인드세트로 세상을 사는 사람들은 노력을 자신이 발전하고 배우고 성장할 기회로 본다. 그런 사람들은 도전을 기꺼이 맞아들이고, 비판으로부터 배우고, 다른 사람의 성공을 더 큰 성장을 위한 영감과 가르침으로 본다. 이 같은 태도는 또한 도전적인 과제들을 대하는 탄력성에도 반영된다. 어려운 문제에 봉착할 때 고착된 마인드세트를 가진 사람들이 성장 마인드세트를 가진 사람들보다 훨씬 빨리 포기해버린다.

학습에 관한 한 어디서 시작하는가 하는 문제는 중요하지 않다. 연습을 시작했다면 끝내는 지점이 어딘가가 핵심이다. 충분히 연습하고 몰입해서 공부함으로써 우리 모두는 눈부신 결과물을 거두는 방법을 배울 수 있다. 그 출발점이 최종 결과물을 결정하지는 않는다.

열정을 학습에 활용하는 방법

    이 책의 앞머리에서 인용한 아서 C. 클라크의 말처럼 "아이들이 관심을 갖는 곳에서 교육은 자연히 이루어진다". 몰두와 열정은 학습이 활발하게 일어날 수 있도록 촉진하는 윤활유와 같은 역할을 하고 있다. 몰두와 열정과 학습은 사람이면 누구나 갖고 있는 보편적인 속성이다. 적어도 우리가 그런 것들로부터 멀어지는 것을 배우기 전까지는 말이다.

    대니얼 핑크의 말처럼 "14세나 43세에 열정적이거나 무기력하다면 그것은 천성 때문이 아니다. 그것은 무엇인가가 우리의 환경을 바꿔놓았기 때문이다".

    그럼에도 심층적인 학습이 일어나기 위해서는 지루한 연습이 필요하다. 목표달성에 정교하게 초점을 맞춘 연습이야말로 학습의 필수요건이다. 어떤 경험이 새로운 사고방식과 기술을 보다 빠르게 습득하는 데 촉매 역할을 할 수는 있지만 어떤 상황에서도 효용가치를 발휘할 수 있는 기술적 능력을 갖추기 위해서는 연습밖에 길이 없다. 열정만으로 이룰 수 있는 것은 거의 없다. 지루하지만 지독한 훈련만이 성공적인 학습으로 이어질 것이다.

열정 vs. 훈련

학습은 우리가 골머리를 앓고 있는 주제나 마땅히 해결해야 될 과제에 온몸을 던져 주의를 집중할 때 비로소 시작된다. 이 주의 집중이 어떤 과정을 통해 이루어졌는가는 부차적인 문제다. 어쨌거나 피아노를 하루에 3시간씩 연주해야 한다면 싫더라도 그 3시간 동안은 피아노를 연주할 수밖에 없으니까 말이다.

세계적인 테니스 선수 안드레 애거시는 연습을 게을리 하면 아버지에게 벌을 받을 것이라는 두려움 속에 하루하루를 연습 속에 살았다고 한다. 그래서 자신은 테니스를 싫어한다고 밝혀 화제가 되기도 했다. 실제로 학교에서 이루어지는 대부분의 교육은 학생들에게 반강제적으로 학습을 강요한다. 그러다 보니 자신이 탁월한 재능을 갖고 있는 영역조차 싫어하게 되는 경우가 적지 않다.

억압에 의한 훈련은 협박이나 보상이 제거되는 순간 학습 동기와 의욕을 급락시킨다. 그렇다고 해서 훈련을 소홀히 할 수도 없다. 훈련을 얼마나 열심히 했느냐가 성과로 직결되기 때문이다. 만족할 만한 효과를 일으키기 위해서는 사람들이 적절하다고 생각하는 것보다 훨씬 더 많은 훈련이 필요하다.

 중국 태생의 예일 법대 교수인 에이미 추아는 자신의 저서 『타이거 마더 Battle Hymn of the Tiger Mother』에서 중국 엄마들은 자신의 자녀들을 통해서 가시적인 성과를 내놓기 때문에 서양 엄마들보다 월등히 우수하다고 주장하기도 했다. 그녀는 자신의 어린 딸이 밥도 안 먹고 심지어 화장실도 안 가고 몇 시간 동안 피아노 연습을 할 수 있다고 자랑스레 이야기하고 있다.

 이런 종류의 위압적인 훈련은 기계적인 학습 효과를 만들어낼 것이다. 하지만 불성실, 교사나 부모에 대한 반감 등 다양한 부작용이 나타날 수 있다. 그리고 협박이나 보상이 제거되는 순간 훈련 스케줄을 벗어나 심각한 문제를 야기할 수 있다. 세계 정상급의 운동선수들이 프로 생활을 끝낸 뒤에 알코올이나 마약에 굴복하는 것은 드문 일이 아니다.

 그렇다면 우리는 어떤 식으로 학습을 촉진해야 하는 것일까? 이에 대한 대답은 '열정'이라고 나는 믿는다. 아인슈타인은 사랑이 의무보다 더 위대한 교사라고 말했다. 우리 각자를 진정으로 고무하는 인생의 영역이나 독특한 활동을 찾아냄으로써 우리는 자신이 원하는 일에 초점을 더 잘 맞출 수 있다. 그리고 우리가 진정으로 사랑하는 일을 한다면 강제적으로 훈육을 받는 학생들과 같은 양의 연습을 한다 하더라도 그것이 그리 문제가 되지 않을 것이다. 열정적인 학습자들은 처벌의 두려움 때문에 연습하는 것이 아니라 사랑이 있기에 평생을 통해서 배워나간다. 열정은 또한 그들의 생산성뿐만 아니라 삶의 질을 높이는 데도 중요한 역할을 한다.

열정이란 무엇인가?

백만 불짜리 질문이다. 당신은 어디에 열정을 느끼는가? 당신이 경제적 혹은 사회적 압박을 전혀 느끼지 않을 때 추구하고 싶은 활동은 무엇인가? 복권에 당첨된다면 무엇을 가장 먼저 하고 싶은가? 또 우리 아이들은 어떤 생각을 하고 있을까?

열정이야말로 사람의 삶의 질과 생산성 향상에 핵심적 요소라는 것을 보여주는 연구 결과가 넘쳐나고 있다. 하지만 아직도 열정은 우리 사회에서 의심을 눈길을 받고 있다. 〈하버드 비즈니스 리뷰〉에 발표된 한 연구에 따르면, 열정적인 종업원들은 다른 동료들에 비해 생산성은 16%, 고용주에 대한 충성도는 32% 더 높고 체력 고갈의 확률은 115% 더 낮다고 한다.

그 외에도 런던 정치경제 대학교가 실시한 한 연구에 따르면, 종업원의 정신적 행복과 동기부여에 1파운드를 지출하면 생산성 향상과 결근율 감소로 누릴 수 있는 효과가 9파운드에 달한다고 한다. 열정은 근무

> **소명의 지도 만들기**
> 1. 아이와 함께 활동 그 자체를 위해서만 하고 싶어 하는 것들을 적어본다.
> 2. 그 활동을 놓고 1점에서 3점까지 점수를 매긴다.
>   – 하고 싶긴 하지만 지금 당장 하지 못하는 것들 : 1점
>   – 평생 동안 더 많이 하고 싶은 것들 : 2점
>   – 지금 당장 충분히 하고 있는 것들 : 3점
> 3. 1점 혹은 2점을 받은 활동 중 많은 것을 할 날을 잡는다.

외의 시간에만 가능한 것이 아니다. 열정은 우리 존재의 핵심에 자리 잡고 있다.

열정은 일상의 삶에서 내재적인 심리적 욕구를 충족시킬 줄 아는 능력에서 비롯된다. 유명한 놀이 연구가인 스튜어트 브라운은 노벨상 수상자인 프랑스의 생물학자 로제 기유맹과 미국의 의학자 조너스 소크를 대상으로 일과 놀이의 관계를 분석한 뒤 그들 중 어느 누구도 전혀 일을 하지 않는다는 것을 발견했다. 그들은 연구실에서도 놀았다. 연구는 그들에게 놀이일 뿐이었다. 어떤 사람에겐 몇 백만 달러짜리 기업을 운영하는 것이 즐거움인가 하면 또 다른 사람에겐 창고에서 지게차를 운전하는 것이 즐거움일 수도 있다. 사람마다 열정을 느끼는 것은 서로 다르다. 핵심은 우리를 진정으로 앞으로 나아가게 만드는 바로 그 지점을 찾는 것이다.

미국 심리학협회 회장을 지낸 마틴 셀리그만은 가장 탁월한 능력을 발휘할 수 있을 때 열정적이고 의미 있는 삶이 꾸려진다고 주장한다. 사람은 자신의 힘을 드러내 보이고 발휘함으로써 스스로 번창하고 살아 있다는 느낌을 받는다. 모든 일에 탁월한 사람은 아무도 없다. 그러나 누구나 한 가지쯤은 반드시 탁월한 재능을 갖고 있게 마련이다. 바로 우리의 열정, 가장 정제된 형태의 몰입과 학습이 바로 거기서 이루어진다.

여기서 다시 우리는 내재적 동기의 긍정적 순환이 작동하는 것을 느낄 수 있을 것이다. 자율성은 진정으로 우리를 감동시킬 것을 탐구하고 찾아내기 위해 움직인다.

몰두와 학습

학습은 두 개의 변수, 즉 몰두와 학습내용의 함수다. 학습내용은 더 이상의 논의가 필요 없는 변수다. 배울 무엇인가가 없으면 아무것도 배울 수 없기 때문이다. 학습내용은 그 범위가 매우 넓다. 우리는 명시적으로 가르치지 않는 것도 많이 배우기 때문이다. 마이클 폴라니Michael Polanyi가 '암묵지暗默知'라고 한 지식이 바로 그런 것들이다. 즉, 학습내용은 수학과 역사 같은 것만을 의미하는 것이 아니라 우리가 학교와 직장과 인생에서 얻게 되는 기술과 지식의 전체를 의미한다.

명시적인 것이든 암묵적인 것이든 학습할 내용에 주의를 기울이기 위해서는 몰두가 필요하다. 몰두는 내재적 동기와 몰입과 열정에서 가장 효율적으로 생겨난다.

우리는 모두 초콜릿이든 양자물리학이든, 럭비든 드라마든 아니면 비를 맞으며 돌아다니는 일이든, 그것도 아니면 두껍고 복잡한 철학 서적을 읽는 것이든 열정적으로 좋아하는 것이 있다. 우리가 그 같은 열정을 자극하는 새로운 내용을 만날 때 거기에는 추가로 동기를 부여할 자극제가 전혀 필요하지 않다. 그 내용에 대한 몰두는 그 주제에 대한 열정에서 저절로 생겨나기 때문이다.

그런데 학교에서는 주로 몰두나 열정보다 끈기를 더 강조하는 경향이 있다. 물론 끈기도 학습의 중요한 요소다. 끈기가 있어야 충분한 훈련으로 학습에 불을 지필 수 있다. 하지만 몰두와 열정은 당근이나 채찍에 의존할 필요 없이 자기 주도적인 공부로 이어진다. 그리고 이것이 지속

가능한 학습으로 나타난다.

결국 가르치는 사람의 가장 중요한 역할은 아이들이 진정으로 열정을 느끼는 것이 무엇인지를 발견할 수 있도록 돕는 것이라는 이야기가 된다. 말하자면 켄 로빈슨이 '엘리먼트$^{The\ Element}$'라고 부른 것을 아이 스스로 찾아낼 수 있도록 해줘야 한다. 그런 다음에는 아이들이 자신의 관심 분야에 더욱 깊이 파고들도록 격려해야 한다. 그렇게만 할 수 있다면 더 이상 바랄 게 없다.

하지만 아이들이 자신의 열정을 찾아내지 못하면 어떻게 할 것인가? 그리고 흥미나 관심이 없는 것도 배워야 한다면 어떻게 할 것인가? 실제적 개입에 대해서는 뒤에서 자세히 설명하겠지만 우선 중요한 가이드라인만 짚고 넘어가도록 하자.

먼저, 아이에게 다양한 분야와 관심 영역을 자유롭게 탐구할 수 있는 기회를 제공해야 한다. 그러면 아이들 스스로 배우고 싶은 관심사들을 새로이 발견하게 될 것이다. 탐구적인 환경이 갖춰지면 아이들은 자율

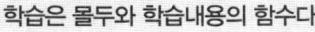

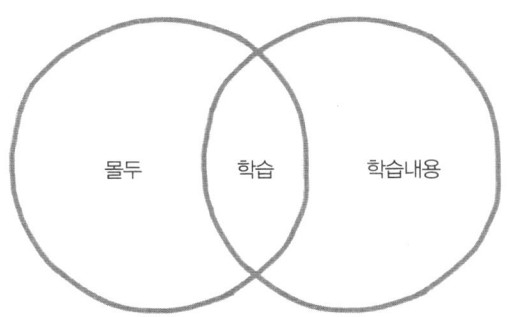

성의 욕구를 충족시키면서 몰입의 경험과 역량강화를 촉진하기 위해 새로운 탐구에 필요한 터전을 닦을 것이다.

탐색기가 다소 길어지더라도 하고 싶지 않은 일이라면 굳이 서둘러 시작할 필요가 없다. 그러나 열정을 찾으려면 일단 무엇이든 시도해야 한다. 열정이 있는 지점을 정확히 찾아내는 것은 매우 어려운 일이다. 그러나 다양한 인생의 경로를 탐험하고 실험함으로써 아이들은 점진적으로 성장하게 되고 자신이 가장 크게 번창할 수 있는 곳이 어딘지, 몰입 상태로 가장 쉽게 들어갈 수 있는 곳이 어딘지, 특히 진정으로 또 강력히 내재적으로 동기부여를 받는 곳이 어딘지를 이해하게 될 것이다.

학교에서는 교사와 학생들이 서로 자신의 관심 분야를 자유롭게 제시하는 것이 새로운 열정을 일으킬 수 있는 방법이다. 만약 학생이나 교사가 어떤 분야에 대해 진정한 관심과 열정을 드러낸다면 이는 분명 다른 학생들을 자극하는 효과를 발휘할 것이다. 때문에 교사들은 반드시 자신의 열정 분야가 무엇인지를 발견해야 하고 또 자신이 가르치는 과목과 그 열정을 어떤 식으로 접목시키면 가장 큰 효과를 누릴 수 있는지에 대해서도 고민해야 한다.

이 외에 학생들의 열정을 활용하는 것도 엄청난 자산이다. 만약에 누군가가 어떤 주제에 푹 빠져 있다면 그 학생이 자신의 주제에 대해 발견한 내용을 발표하게 하라. 분명 이 과정에서 영감을 얻는 또 다른 학생이 나타날 것이다.

학습내용이 처음부터 학생들의 관심을 끌지 못할 수도 있다. 하지만 그것을 자율성과 역량강화와 소속감 등 내재적 동기를 건드리는 방법으로 제시할 경우에는 학습자들의 내면에서 불꽃을 일으킬 수도 있다. 영감을 불어넣는 영상자료와 보드게임, 야외게임, 비디오게임, 책, 인형과 다른 도구들을 동원하라. 그중 하나는 분명 학생들의 관심을 끌게 될 것이고, 그것을 발판 삼아서 생물학이든 양자역학이든 요리든 영어든 실제로 배워야 할 학습내용에까지 관심을 보이게 될 것이다.

학생들이 몰두하게 만드는 것은 교사의 가장 중요한 일이다. 그것이 가르치는 것보다 훨씬 더 중요하다. 왜냐하면 학습자들이 몰두하지 않은 가운데서는 교사가 아무리 열심히 가르치더라도 전혀 학습이 일어나지 않기 때문이다. 진정한 학습을 일으키기 위해 우리는 초점을 '가르침'에서 '배움'으로 옮겨야 한다.

2장

LEARNING AS FUN

학습과 뇌

뇌와 마음은 서로 어떻게 작용하는가

　뇌와 마음의 관계는 수천 년 동안 철학자들과 과학자들 사이의 논쟁의 씨앗이 되어왔다. 현대 의학의 아버지인 히포크라테스는 모든 지능이 뇌에 있다고 믿었다. 이 믿음은 오늘날까지도 계속되고 있다. 철학자들의 생각은 조금 다르다. 그들은 이원론 사고에 입각해 이 문제를 풀려고 한다. 프랑스의 철학자 데카르트는 마음과 육체가 송과선을 통해 소통하는 두 가지 서로 다른 물질이라고 믿었다. 물론 지금은 그런 일은 절대로 일어나지 않는다는 것이 밝혀졌다. 그러나 정신과 물질의 구분은 여전히 엄격히 지켜지고 있다.
　지난 몇 세기 동안에 애매한 정신적인 개념의 반대편을 살펴보게 만드는 다양한 입장이 제기되었다. 마음을 보는 물질적 관점에 대해 짤막하게 얘기해보자. 이 관점에서는 정신적 기능을 오직 뇌 기능이라는 측면에서 설명하고 또 그 기능들이 일어나는 부위를 찾으려는 시도가 이루어졌다. 그러나 이 접근 역시 문제를 안고 있다. 현재 가능한 어떤 영상 기술이나 실험 방법도 신경조직과 언어나 계산 같은 정신적 기능 사이의 명확한 관계를 밝히기에는 충분하지 않다.

  뇌는 마음의 기능을 일으키는 데 있어서 결정적인 역할을 하지만 부분적인 요소에 지나지 않는다. 생각은 뇌 안에 있는 것이 아니다. 그러나 사고에 있어 뇌 기능은 필수적이다. 이 같은 사실은 간단한 실험을 통해서도 충분히 알 수 있다. 만약 당신이 오른쪽 팔을 움직인다면 당신의 왼쪽 뇌 반구의 운동피질에 있는 신경세포들이 활성화된다. 그렇다면 그것은 그 운동이 해당 운동피질에 자리 잡고 있다는 것을 의미하는 것일까? 물론 그렇지 않다. 당신의 팔에 운동을 일으킨 것은 신경세포들이라고 하는 편이 맞다. 신경세포가 없으면 어떤 운동도 있을 수 없다. 정신적 기능도 마찬가지다. 일단 이렇게 얘기해 두자. 뇌는 사고의 근본적인 요소이며 사고는 우리가 뇌를 갖고 하는 그 무엇이다.

뇌 연구는 얼마나 깊이 파고들 수 있을까?

  신경과학은 역사가 짧은 만큼 어떤 것도 확언하기 어렵다. 눈부신 자료와 해석을 꾸준히 내놓고 있긴 하지만 아직 초보적인 단계를 벗어나지 못하고 있다. 그러나 신경과학은 지난 20년 동안 엄청난 발전을 이룩했으며 이 발전이 우리의 마음이 작동하는 방식을 훨씬 더 잘 이해하게 해줄 것이라는 희망을 안겨주고 있다. 다른 분야의 연구들을 동원하면 마음이 작동하는 방식과 뇌와 몸이 사고에 기여하는 방식에 대해 보다 정밀한 분석이 가능하다.

최근 들어 신경과학에 낙관적인 전망을 갖게 하는 혁신적인 연구들이 있었다. 이중에는 지금까지 알려진 정신적 현상들과 신경의 상호관계를 지도로 그리는 작업도 포함되어 있다. 교토 대학의 한 연구팀은 '기능적 자기공명영상^{fMRI}' 장치를 이용하여 피실험자의 시각피질을 측정함으로써 그가 본 것을 재생하는 데 성공했다. UC 버클리의 잭 갤런트 교수는 한 발 더 나아가 참가자가 본 비디오 이미지들을 비슷한 방법으로 재생함으로써 이 탐구 방식을 더욱 확장시켰다.

케임브리지 대학의 신경과학 교수 애드리언 오웬은 사지가 완전히 마비된 환자들과 의사소통을 하는 방법을 개발하기 위해 노력해왔다. 그 결과 그는 '감금증후군$^{locked-in\ syndrome}$'을 앓고 있는 사람과 실시간 fMRI 영상을 통해서 질문에 '예스'라고 대답하고 싶으면 테니스 시합을 하는 장면을 떠올리고 질문에 '노'라고 대답하고 싶으면 집에서 걷는 장면을 떠올리게 하는 방식으로 의사소통을 할 수 있었다. 뇌 영상을 이용함으로써 오웬과 그의 팀은 몇 년 동안 의사소통을 하지 못했던 사람들과 생각을 나눌 수 있었다.

더욱 놀라운 연구는 카네기 멜론 대학의 마셀 저스트 교수와 그의 동료 연구원들이 fMRI 영상을 이용하여 참가자들이 생각하고 있던 단어들을 정확히 재생해낸 것이다. 신경과학이 자체적으로 한계를 안고 있음에도 불구하고 오늘날 가장 흥미로운 과학의 일부가 이 분야에서 성취되고 있다고 말해도 과장이 아닐 것이다. 교육학과 인지심리학과 동기심리학 분야의 결과들과 함께 검토할 경우, 신경과학은 우리가 생각하고 배우는 방식에 대해 훨씬 더 많은 힌트를 제공해 줄 수 있을 것으로 기대를 모으고 있다.

뇌는 퍼즐의 한 조각이다

뇌가 우리의 생각과 행동에 아주 깊이 관여하고 있다는 것을 보여주는 증거는 많다. 예를 들어, 우리는 뇌의 다양한 부위에서 운동과 감각의 상호관계를 확인할 수 있다. 그러나 뇌는 퍼즐의 한 조각에 지나지 않는다. 팔의 움직임과 신경세포에 관한 실험이 보여주듯 뇌는 여러 기능들이 일어나는 바로 그곳에 있는 것이 아니라 그 기능들을 일으키는 다양한 작용들을 촉진하고 지휘하는 역할을 한다.

팔의 움직임이 일어나기 위해서는 건강한 운동피질이 필요하지만 건강한 팔도 필요하다. 마찬가지로 의식적인 생각의 기차가 일관되게 움직이기 위해서는 전전두엽피질 같은 뇌의 특정 부위가 잘 작동해야 한다. 그러나 운동이 운동피질에 있지 않은 것과 마찬가지로, 생각이 전전두엽피질에 있는 것은 아니다.

이제 뇌가 우리가 새로운 것을 배우는 데 어떤 식으로 기여하는지를 살펴보도록 하자.

하나의 머리 안에 든 두 개의 마음

소크라테스는 인간을 '날개 없는 두 발 동물'이라 했다. 그러나 디오게네스는 고개를 가로저었다. 디오게네스는 플라톤의 아카데미아를 찾아가서 털 뽑은 닭 한 마리를 내밀고 외쳤다. "자, 여기 플라톤의 인간이 있소!" 일은 그것으로 종결되었다.

그날 이후 새로운 정의가 필요했다. 많은 사람들이 소크라테스의 정의를 수정한 것에 지나지 않는 '넓고 평평한 발톱을 가진 날개 없는 두 발 동물'이라는 정의에 만족하지 못했다. 그러다 마침내 아리스토텔레스가 '인간은 이성적 동물'이라는 정의를 내놓았다. 의식적이고 합리적인 숙고가 인간을 다른 동물과 분리시키는 것이라는 아리스토텔레스의 생각은 거의 2,500년 동안 우리 문화에 깊이 각인되었다. 이 믿음 때문에 사고의 비^{非}의식적인 측면, 특히 의사결정과 추론이 서구 철학과 과학에서 종종 무시되었을 정도다.

그러나 지금 우리는 마음이 단 하나의 합리적인 체계가 아니고 구조가 상이한 두 개의 요소로 이루어져 있다는 것을 알고 있다.

뇌에는 두 개의 마음이 있다

그리스 철학자 플라톤은 인간의 영혼을 두 마리의 말이 끄는 마차에 비유했다. 플라톤은 이렇게 썼다.

"영혼을 날개 달린 두 마리 말과 그 마차를 모는 전사의 결합에 비유하자. 마차를 모는 전사는 한 쌍의 말을 책임지고 있다. 그의 말 중 한 마리는 아름답고 선하고 순종이지만 다른 말은 성격이 정반대다. 이는 마차를 모는 것이 매우 힘든 일이라는 것을 의미한다."

우리의 한 부분은 무엇인가를 하길 원하는데 다른 한 부분은 거기에 저항한다. 연구원들은 사람들이 깨어 있는 시간 중 거의 4분의 1을 유혹에 맞서 싸운다는 사실을 발견했다. 이 유혹을 이겨내기는 쉽지 않다.

플리머스 대학의 심리학 명예교수인 조너선 에반스는 자신의 저서 『깊이 생각하기 Thinking Twice』에서 이렇게 쓰고 있다.

"우리 모두는 마치 자기 스스로 의식적인 바람과 의지를 실천하면서 자신의 행동을 책임지고 있는 것처럼 느끼고 있다. 그러나 심리학자들은 우리의 행동이 직관이나 습관에 따를 때가 많고 우리가 자신의 행동에 대해 제시하는 이유들도 조작될 수 있다는 점을 보여주었다. 우리가 마치 단 하나의 마음을 갖고 있는 것처럼 느낄지라도 우리는 실제로 두 개의 마음을 갖고 있다."

프린스턴 대학의 대니얼 카너먼 교수는 사고와 의사결정에 관한 연구로 노벨상을 수상했다. 혁신적인 내용의 명저『빠르고 느리게 생각하기 Thinking, Fast and Slow』에서 카너먼은 의사결정의 순간 우리가 두 개의 마음을 갖는다는 점을 실험으로 보여주고 있다.

이 같은 이중성을 설명하는 가장 탁월한 이론은 '사고의 이중처리 이론'이다.

에반스의 글을 살펴보자.

"사고와 추론의 이중처리 이론은 글자 그대로 하나의 뇌에 두 개의 마

뇌에 자리한 두 개의 마음

시스템 1   시스템 2

음이 있다는 주장을 제기한다. 시스템 2의 사고와 폭넓게 일치하는 의식의 흐름은 시스템 1 안에 있는 자동적인 하부체계의 보조를 받는다. 그런데 시스템 1 안의 자동적인 하부체계는 최종적인 결과물을 의식으로만 보내면서 우리의 추론과 결정과 행동에 대한 통제권을 노려 직접적으로 경쟁한다."

시스템 1은 진화론적으로 볼 때 매우 오래되었으며 거의 모든 고등동물이 갖고 있다. 시스템 1은 자율신경계를 지휘하는 것에서부터 '전투냐 도피냐'의 같은 감정적 반응에 이르기까지 다양한 기능을 맡는다. 시스템 1은 처리 능력 면에서 매우 빠르고 막강하며 한번에 여러 작용에 관여할 수 있다.

시스템 2는 진화론적으로 볼 때 새로운 편이며 인간과 고등 영장류 같은 몇몇 종에만 있다. 시스템 2는 합리적 사고와 계산, 자아성찰 같은 기능에 관여하며 지난 60년 동안 나온 많은 실험들이 보여주듯 그 처리 능력은 매우 약하다.

조지 밀러는 실험을 통해 사람이 7가지 정도의 정보만 의식적으로 간직할 수 있다는 점을 보여주었다. 압 데익스테르후이스와 로란 노드그렌은 의식적 마음의 처리 능력의 크기는 초당 10~60비트 정도라고 주장한다. 인지심리학에서는 현재 인간의 작업 기억 능력은 한번에 3~4개 유니트라는 견해가 일반적으로 받아들여지고 있다.

그 정확한 숫자야 연구마다 다르지만 발견들의 성격은 똑같다. 시스템 2의 처리능력은 매우 느리다는 것이다. 이는 아마 현대 심리학에서

두 가지 체계의 특징

시스템 1	시스템 2
진화론적으로 오래되었다	진화론적으로 비교적 새롭다
동물에게도 있다	인간에게만 있다
비의식적이다	의식적이다
자동적이다	통제 가능하다
빠르다	느리다
암묵적이다	명시적이다
처리능력이 탁월하다	처리능력이 떨어진다

가장 확실하게 증명되고 있는 발견 중 하나일 것이다. 시스템 2에 관한 연구는 50년 넘게 치열하게 전개되었으며 동료 평가도 수천 건 이루어졌고 과학 잡지에도 자주 인용되었다.

반면 연구 과정에서 발생하는 한계 때문에 비의식적인 마음의 인지처리능력에 관한 연구 논문은 그리 많지 않다. 사람들에게 일련의 숫자나 글자, 그림들을 보여준 직후에 그것을 말하도록 함으로써 의식적인 마음의 영역을 시험하는 것은 상대적으로 쉽다. 그러나 어떤 사람이 비의식적으로 무엇을 생각하고 있는지에 대해서는 물을 수 없다. 누군가가 그런 질문을 한다 하더라도 그 순간 질문을 받은 사람의 생각이 의식의 영역으로 들어가 버리기 때문이다.

비의식적인 사고를 측정하는 것이 까다로움에도 불구하고 비의식의 처리 능력을 보여줄 만한 연구 결과들이 종종 발표되고 있다. 1980년대에 신경과학자 만프레드 짐머만은 인간의 신경계에 대한 분석을 근거로 비의식적 마음이 감각 자료를 처리하는 능력은 초당 약 1,120만 비트라고 주장했다. 짐머만의 발견이 비의식적인 마음의 처리능력과 관련하여 나온 드문 주장이긴 한데 그나마 감각계의 능력만 언급하고 있을 뿐이다. 대뇌의 신피질이나 변연계에서 일어나는 과정은 지금 우리가 알고 있는 기술로는 측정하기 어렵다.

뇌가 1,000억 개의 신경세포와 이 신경세포들을 연결하는 100조 개의 시냅스를 갖고 있다는 점을 고려한다면 그 안에서 일어나는 정보 처리는 엄청난 것임이 분명하다. 이론적으로 본다면 시냅스마다 1비트의 정보를 처리할 수 있다. 시스템 1의 정확한 범위가 알려져 있지 않고 있음에도 불구하고 지금까지 이루어진 연구를 근거로 할 때 시스템 1의 처리능력이 시스템 2에 비해 훨씬 더 큰 것은 거의 확실하다. 말콤 글래드웰의 표현을 빌리면, 시스템 1은 "우리가 하는 경험과 우리가 만나는 사람들, 우리가 받는 교육, 우리가 읽는 책, 우리가 보는 영화 등에서 나오는 자료들을 무의식적으로 말없이 오독오독 깨물어 삼킨다".

시스템 2의 처리 능력은 제한적이지만 그럼에도 불구하고 시스템 2는 그 자체로 매우 유익하고 막강한 자원이다. 시스템 1이 대부분 습관적이고 자동적인 작용에 의해 결정되는 반면 시스템 2에서는 우리가 작용을 시작하고 멈추게 할 능력을 발휘할 수 있고 활동의 방향을 바꿀 수도 있다. 달리 표현하면 시스템 2는 우리의 의지, 즉 행동의 방향을 의식적으로 정할 수 있는 능력의 보금자리다.

철학자 루트비히 비트겐슈타인이 지적했듯이 자아는 하나의 존재가 아니라 크기가 없는 하나의 점이며 이 점 쪽으로 다양한 습관과 작용들이 모아진다. 이 집합점은 먼저 의식, 즉 시스템 2의 병목으로 둘러싸여 있고 이 의식의 밖에 시스템 1의 거대한 비의식적 처리 능력이 자리 잡고 있다. 최근의 연구가 암시하는 것처럼, 시스템 1과 시스템 2는 엄격히 분리되어 있는 것이 아니라 끊임없이 상호작용을 하는 것으로 여겨지고 있다.

본능과 직관 : 비의식적인 생각의 2가지 측면

애플의 공동창립자이며 CEO였던 스티브 잡스는 직관적인 결정을 잘하는 것으로 유명했다. 스스로 "직관은 나의 가장 중요한 자원 중 하나였다"고 말했을 정도다. 그러나 잡스는 또한 누군가가 회의실에서 화이트보드를 사용하면 어린애 같이 짜증을 내는 등 사회성 부족을 돌발적으로 드러낸 것으로도 유명했다. 잡스는 직관을 좋은 쪽으로도 믿고 나쁜 쪽으로도 믿는 것을 보여주는 좋은 경우다.

문제는 직관이 우리가 원할 때마다 모든 것을 내놓는 마법이 아니라는 점이다. 반대로, 직관적인 능력은 매우 강력하긴 하지만 어디까지나 우리가 오랜 시간을 두고 향상시켜온 전문성과 지식의 영역에 국한된다.

직관적이고 본능적인 생각과 아이디어들은 그것이 일어날 때의 느낌을 기준으로 본다면 구분하기 어렵다. 스티브 잡스는 전자와 컴퓨터에 관한 문제에 있어서는 엄청난 직관적 능력을 갖고 있었다. 반면에 사회적 상호작용에서는 그런 능력을 전혀 갖지 못했다. 그럼에도 불구하고 그는 비의식적으로 떠오르는 통찰에 대해 대단한 신뢰를 보이며 따랐다.

어느 것이 순수하게 직관적인 것이고 어느 것이 그렇지 않은 것인지 모르는 상황에서 직관을 믿는 것은 결실을 맺을 가능성이나 파괴적인 결과에 도달할 가능성이나 별반 차이가 없을 것이다.

신경의 상관관계를 통해서 시스템 1에 대해 다시 한 번 살펴보자. 심장과 폐의 운동과 같은 신체의 자율적인 기능들은 뇌간의 지시를 받는다. 감정적 반응들은 변연계의 변화와 관련되어 있다. 보다 고차원적인 비의식과 시각 및 언어의 처리, 운동기능은 신피질의 변화와 관계가 깊다.

물론 뇌의 어느 부위도 고립된 상태에서 작동하지는 않는다. 뇌와 신체는 복잡한 네트워크를 형성하며, 이 네트워크 안에서 특정한 기능에 따라 활성화되는 뇌 부위의 상관관계를 확인할 수 있다. 위와 대장에만 해도 5억 개 가량의 신경세포들이 있을 것으로 추측되고 있다. 그러나

연습의 효과를 높이는 방법
1. 쉬운 것에서 시작한다.
2. 연습해 가면서 도전의 강도를 높인다.
3. 효과적인 방법들을 배우고 훌륭한 교사를 찾는다.
4. 휴식을 충분히 취한다.
5. 다시 시작한다.

이런 식의 구조적 상관성은 직관이 어떻게 생겨나는지에 대해서는 별 관심이 없다. 뇌 중에서도 신피질 같은 일부 부위들이 직관에 관련이 있을 것으로 보고 있다.

그러나 그런 뇌 부위의 활동이 어떻게 직관적인 생각으로 바뀌는지는 여전히 미스터리로 남아 있다.

직관과 습관은 어떻게 다른가

윌리엄 제임스는 자신의 저서 『심리학의 원리 Principles of Psychology』에서 습관이 우리 존재의 핵심 부분을 차지하고 있다고 주장한다.

그는 이렇게 쓰고 있다.

"살아 있는 생명체들을 관찰할 때 가장 먼저 눈길을 끄는 것은 그 생명체들이 습관의 덩어리라는 점이다. 야생동물들이 매일 하는 행동의 일상적 순환성은 출생과 더불어 그들에게 심어진 하나의 운명인 것처럼 보인다. 길들여진 동물과 인간의 경우에는 일상의 행동이 상당 부분 교육의 결과로 나타난다. 태생적인 습관은 본능, 이 본능 중 일부는 교육으로 조정된 이성적 행위다. 습관은 삶의 아주 큰 부분을 차지하고 있기 때문에 마음의 객관적인 표현을 연구하기 위해서는 습관의 한계부터 명확히 정의해야 한다."

직관과 본능

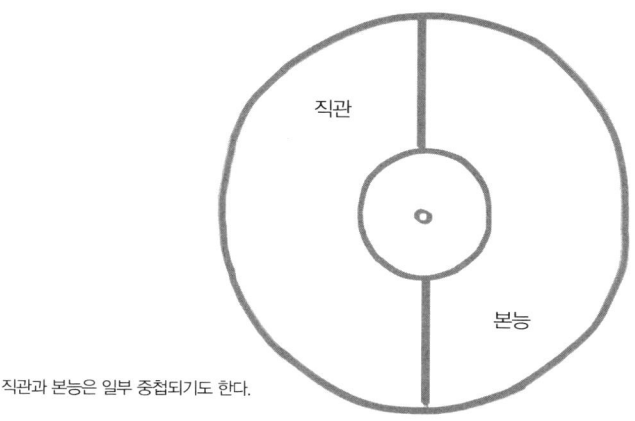

직관과 본능은 일부 중첩되기도 한다.

제임스의 동료인 철학자 찰스 S. 퍼스가 지적하는 바와 같이, 어떤 행위를 습관이라고 인정하는 데 있어서 가장 핵심적인 요소는 그 행위가 낳는 결과다.

"습관의 정체성은 흔히 벌어질 수 있는 그런 환경에서만이 아니라 절대로 일어남직하지 않은 환경에서 그것이 어떤 식으로 우리가 행동하도록 이끄느냐에 따라 달라진다. 따라서 습관에 대한 정의는 그것이 언제, 어떻게 우리로 하여금 행동하게 하느냐에 따라 달라진다."

습관은 본래 어떤 결과를 끌어내려는 의도에 의한 것은 아니다. 하지만 교육 현장에 있어 습관은 수많은 반복을 통해 습득되어야 한다는 점이 아주 중요하다.

퍼스는 습관에 대해 다음과 같이 이야기한다.

"습관은 타고난 기질과는 다르다. 습관은 똑같은 종류의 행동을 지각표상과 심상이 서로 비슷하게 결합된 상황에서 거듭 반복하면 생겨나는 성향이다. 즉 미래에도 비슷한 상황에 처하면 비슷하게 처신하려는 성향이 곧 습관이다."

습관은 예측 가능한 결과를 낳는 일상의 행동이다. 습관은 획득되기도 하고 타고나기도 한다. 과학적 문헌 속에서 습관은 스크립트^{script}나 스키마^{schema} 등의 용어로 언급되기도 하고 메커니즘^{mechanism}이나 루틴^{routine}처럼 보다 정적인 작용들과 혼동되기도 한다.

습관은 메커니즘의 구조가 고착되어 있다는 점에서 메커니즘과는 다르다. 습관은 적응성이 있고 유연하다. 메커니즘은 그 구조로 인해 메커니즘으로 인정받고, 습관은 그것이 낳는 결과로 인해 습관으로 간주된다. 하나의 메커니즘은 환경의 변화에 매우 취약하다. 예를 들어 시계의 경우, 시계바늘을 돌리는 톱니바퀴는 틈새에 작은 이물질만 끼어도 바로 멈춰 서고 만다. 그러나 습관은 자기수정을 거친다. 환경적 장애가 발생한다 해도 습관은 그 장애를 극복하기 위해 자신의 규칙을 조정한다. 메커니즘은 상대적으로 간단하지만 습관은 매우 복잡한 구조를 통해 발현되는 것이다.

습관은 "외부의 영향에 의해 크게 좌우된다는 점에서 약하지만 자극이 주어지더라도 일단 자기수정을 거칠 만큼 충분히 강한 구조를 갖고 있다". 어떤 결과를 낳는 방법은 상황에 따라 다르다. 그러나 연습만 충분하다면 바람직한 결과를 낳는 행동을 습관화할 수 있다.

제임스는 자성^{magnetism}이라는 메커니즘을 서로 끌어안고 싶어 하는 로미오와 줄리엣의 욕망, 즉 습관에 비유한다.

"쇳가루가 자석을 원하듯이 로미오는 줄리엣을 원한다. 만약에 장애물이 끼어들지 않는다면 로미오는 곧장 줄리엣 쪽으로 움직일 것이다. 그러나 만약에 로미오와 줄리엣 사이에 어떤 벽이 세워진다면 어떨까? 두 사람은 벽에 얼굴을 처박고 볼을 비벼대고 있지는 않을 것이다. 로미오는 벽을 기어오르든 벽을 부수든 어떻게든 줄리엣에게 입을 맞출 우회로를 찾아낸다. 반면에 자석에 이끌려 가는 쇳가루는 경로가 고정되어 있다. 쇳가루는 장애물에 부딪치면 그대로 주저앉고 만다. 쇳가루가 목적지에 가 닿는 것은 순전히 우연의 힘이다. 연인들도 서로에게 가 닿으려는 목적은 고정되어 있다. 그러나 그들의 욕망은 습관이기 때문에 목적에 닿기 위해 경로를 무한 수정한다."

자성은 언제나 예측 가능한 쪽으로 작용한다. 그러나 살아 있는 존재들은 어떤 장애물에 부딪치면 행동을 다양하게 바꾼다.

습관은 경험과 연습에 의해 생긴다. 간단한 습관은 상대적으로 쉽게 생겨나는 반면 직관적 능력을 요구하는 복잡한 습관은 개발에 몇 년이 걸린다. 이 효과는 제임스에 의해 명확하게 밝혀져 있다.

"신경전류가 한번 흐른 뇌의 신경회로는 그 전에 비해 신경전류를 더 쉽게 받아들이고 더 쉽게 통과시킬 것이다. 이렇게 되면 처음에 그 신경회로에 신경전류가 흐르지 못하도록 막고 있던 장애들이 조금씩 그 경로에서 씻겨나가게 될 것이다. 그러다 보면 마침내 그 신경회로는 자연적인 배수로처럼 원활하게 소통될 것이다."

연습은 모든 것을 완벽하게 만든다. 우리가 의도적으로 연습하는 모든 것들은 보다 쉽게 원하는 결과를 얻도록 신경계를 다듬어나간다.

새로운 기술과 사고의 방법, 즉 새로운 습관을 배우도록 의식적으로 노력을 기울임으로써 우리는 비의식적인 시스템 1의 구조들을 새롭게 창조해낼 수 있다.

습득된 습관들이 우리 존재의 핵심을 차지하고 있다. 습관들은 '머릿속에도' 들어 있을 뿐만 아니라 몸에도 입력되고 그러다 결국엔 체계화된다. 만약에 어떤 음악가가 금요일 밤마다 피아노로 쇼팽을 연주하는 습관을 갖고 있다고 하자. 이 음악가는 피아노가 없으면 이 습관을 행동으로 옮기지 못한다. 달리 표현하면, 그 대상도 습관의 근본적인 부분이라는 뜻이다. 이렇듯 습관의 성취에는 그 도구도 연습이 음악가의 뇌에 성장시켜 놓은 신경회로들만큼이나 중요한 것이다.

지식과 기술의 핵심에 우리가 경험과 연습을 통해 만든 습관들이 자리하고 있다. 어떤 환경 안에서 행동함으로써 우리의 신경계와 신체는 일을 더 잘 처리하도록 적응하고, 우리는 바라는 결과를 무의식적으로 성취할 수 있는 능력을 확보한다.

직관은 모든 것을 다 아는 마법의 능력이 아니다. 오히려 습득된 습관을 근거로 상당할 정도로 예측 가능한 전문성을 암시하는 신호다. 우리가 연습을 반복함으로써 자신의 습관을 자신에게 가장 많이 이바지하는 쪽으로 잘 다듬어놓을 때 직관적인 사고도 가장 잘 작동한다.

　그러나 직관이 우리의 비의식적인 사고의 전부와 관련 있는 것은 아니다. 어떤 사람에게 일어나는 많은 생각은 절대로 직관이 아니다. 그리고 일부 생각은 명백히 본인에게 해롭다. 사실 직관은 개인적으로 개발한 작용들과 습득된 습관과 관련이 있다. 이중에서 개인적으로 개발한 작용들은 우리가 환경에 더 잘 적응하도록 만들고, 습득된 습관은 경험과 연습에 의해서 생겨나는 것이다.

　직관은 학습이 일어나는 바로 그곳이다. 직관은 우리가 개인적 경험을 통해서, 다른 사람들 또는 환경과의 상호작용을 통해서, 그리고 공부와 의식적인 연습을 통해서 개발한 능력이다. 우리가 하고 보고 듣는 모든 것은 우리가 이 세상과 상호작용하는 방법을 변화시킨다. 우리의 모든 경험은 우리가 장차 하게 될 모든 일에 어떤 식으로든 영향을 미친다.

학습은 뇌를 어떻게 변화시키는가?

20세기 초, 한 젊은 물리학과 졸업생이 일자리를 찾고 있었다. 처음에 그는 대학에서 자리를 얻으려고 지원했으나 뜻을 이루지 못했다. 그는 학과에서 꼴찌로 졸업했고 교수들에게는 게으르고 거만하다는 부정적인 평가를 받았다.

취직이 뜻대로 되지 않자 그는 기준을 낮춰 고등학교 교사에 지원했다. 그러나 여기서도 나쁜 평판이 그를 좌절시켰다. 마지막으로, 한 친구가 그를 단순 사무직에 취직시켜 주었으나 그곳에서 주는 임금으로는 생활비를 대기조차 벅찼다.

이 와중에도 그는 물리학에 대한 열정만은 놓지 않았다. 그는 휴가의 대부분을 물리학자인 아내와 함께 알프스 산속을 방랑하면서 물리의 신비에 대해 생각하면서 보냈다. 그는 과학 논문 몇 편을 어렵게 발표하기도 했다. 그중 어느 것도 매우 의미 있다는 평가를 받지 못했지만 물리학에 대한 그의 열정은 흔들리지 않았다.

1905년, 상황은 극적으로 달라졌다. 젊은이는 권위 있는 잡지에 논문을 5편 발표했다. 첫 번째 논문은 그에게 박사학위를 안겨주었다. 두 번째 논문은 원자의 존재를 입증했다. 세 번째 논문은 그에게 노벨상을 안겨주었다. 그리고 네 번째와 다섯 번째 논문은 특수상대성이론의 터전을 닦았다. 바로 알베르트 아인슈타인의 이야기다.

어떻게 게으른 물리학도가 인류 역사상 가장 똑똑한 천재의 한 사람이 되었을까? 이에 대한 대답 일부가 바로 뇌가 경험과 연습을 통해 발달한다는 사실에 있다.

반복의 법칙

철학자이자 심리학자인 윌리엄 제임스는 두 가지 법칙이 사고의 전개를 이끈다고 말했다. 바로 반복의 법칙과 연상의 법칙이다.

1940년대에 심리학자이자 신경과학자인 도널드 헵[Donald Hebb]은 오늘날 '헵의 학습'이라 불리는 유명한 가설을 제안했다. 헵은 학습이 일어나기 위해선 뇌에 학습과 상관있는 변화들이 일어나야 한다고 주장했다. 그가 뇌에서 일어나야 한다고 주장한 그 변화들은 실제로 측정이 가능했다.

노벨상 수상자인 심리학자 에릭 캔델[Eric Kandel]은 1970년대에 헵의 원칙이 정말로 정확하다는 점을 보여주었다. 바다달팽이들을 대상으로 한 연구에서 캔델은 한 신경세포를 반복해서 자극하면 그것이 시냅스의 성장을 야기하고 이 시냅스에서 신경세포가 다른 신경세포들과 연결된다는 점을 보여주었다. 뇌는 근육과 상당히 비슷하게 작동한다. 운동을 열심히 하는 신경 네트워크들은 더욱더 강해지고 빈둥거리는 신경 네트워크들은 갈수록 시들어간다.

더 많이 생각하고 더 많이 행동할수록 사고와 행동도 보다 효과적으로 확장된다. 사고와 행동 중 일부는 뇌에 있고 다른 것은 신체의 다른 곳에 있다. 운동기술을 배우는 행위는 근육의 성장과 세련을 야기하는 것만큼이나 운동피질의 세련을 낳는다. 추상적인 사고를 배우는 것조차도 우리가 생각하는 그 이상의 것을 요구한다. 누군가 펜 없이 생각하는 것이 어렵다고 느끼는 것은 드문 일이 아니다.

어느 연구에서 거리의 아이들도 거리에서의 일상에서 매우 복잡한 수학 계산을 할 수 있다는 것이 확인되었다. 그런데 연구실에서는 그와 똑같은 수학 계산이 매우 어렵고 심지어 불가능해지기도 한다.

무엇이든 자주 하기만 하면 우리는 그것을 더 잘할 수 있게 된다. 그러나 무엇인가에 진정으로 탁월해지기 위해선 아주 다양하고 뛰어난 기술들을 갖출 필요가 있다. 그런데 이 같은 수준의 기술들을 확보하기 위해서는 엄청난 양의 연습이 필요하다.

사고는 연습과 경험을 통해서 발달한다. 행동이나 사고의 반복에 의해서 행동과 사고를 일으키는 신경 네트워크들이 강화된다. 연습과 경험의 결과로, 바라는 결과에 닿는 데 효율적으로 사용할 수 있는 네트워크가 생겨난다.

연상의 법칙

장염에 걸린 날 저녁, 낮에 뭘 먹었나 돌이켜보니 참치 샌드위치를 먹었던 기억이 난다. 실제로 샌드위치는 장염과 아무런 관계가 없는데도 뇌는 장염과 참치 샌드위치를 연결해 버린다. 그 결과 앞으로 몇 개월 동안 참치만 생각해도 메스꺼운 느낌을 받게 될 것이다.

러시아 심리학자 이반 파블로프Ivan Pavlov는 유명한 실험을 통해서 '조건화'로 알려진 현상을 발견했다. 그는 개들이 먹이를 볼 때마다 침을 흘린다는 사실을 발견하고, 먹이를 줄 때마다 메트로놈 소리를 들려주었다. 그랬더니 결국 개들은 메트로놈 소리만 들려와도 침을 흘렸다.

이와 같은 연상의 원칙은 모든 사고의 바탕이다. 만약에 두 가지 생각이 언제나 똑같이 제시된다면 그 생각들은 동시에 일어나기 시작한다.

윌리엄 제임스는 이렇게 쓰고 있다.

"만약에 작용 1과 2, 3, 4가 언제나 함께 자극을 받거나 연속적으로 자극을 받는다면 나중에는 이 작용 중 어느 하나만 자극을 받더라도 이 자극이 나머지 작용들을 자극할 것이다. 이것이 소위 말하는 연상의 법칙이다."

헵과 캔델의 연구를 근거로 우리는 연상의 법칙이 뇌의 작용 방식에 그 뿌리를 두고 있다고 주장할 수 있다. 신경연결이 반복에 의해 강화되는 방식과 아주 비슷하게, 신경세포들도 연상의 법칙에 따라서 서로 연결하며 신경 네트워크를 형성한다. 만약에 네트워크 안의 신경세포들 중 어느 하나가 활성화되면 그 이웃에 있는 신경세포들 또한 활성화된다. 신경세포들은 복잡한 네트워크를 형성하고 이 네트워크 구조는 경험의 영향을 강하게 받는다.

강렬한 감정적 반응은 빠르고 효율적인 학습을 촉진한다. 여기에는 진화론적인 배경이 있다. 만약에 원시인들이 나무에서 떨어지는 큰 열매를 피하는 기술을 배우지 못했다면 인류는 살아남기 어려웠을 것이다.

빠른 신경 성장과 학습을 자극하는 가장 효과적인 방법은 주의를 계속 집중하게 만들 강렬한 감정적 반응을 이끌어내는 것이다. 그렇게 하면 새로운 시냅스가 보다 빨리 생성될 뿐만 아니라 신경 네트워크의 활성화가 꾸준히 이어질 것이다.

주의와 감정과 신경성장

신경전달물질인 도파민은 보상체계와 주의와 기억 기능과 관계가 깊다. 편도가 감정적 반응에 관여하고, 해마가 새로운 기억을 형성하는 데 의미 있는 역할을 하고, 전전두피질이 주의를 쏟는 데 관여한다는 사실은 잘 알려져 있다. 아직 밝혀지지 않은 것이 많지만 신경과학이 우리에게 들려주는 이야기만을 바탕으로 할 때 감정과 기억과 주의 사이에는 분명 어떤 연결이 있다.

도파민은 주의를 기울이게 하고 행동에 보상하는 일에 개입한다. 높은 도파민 수치가 몰입에 필수라는 가설도 제기되고 있다. 실제로 도파민 분비는 몰입의 또 다른 정신생리학적 요소로서 앞에서 소개한 것과 비슷한 역逆 U곡선을 그린다. 만약에 도파민 수치가 낮거나 뚜렷하게 높으면 인지 능력이 떨어진다. 이는 몰입 상태에서 나타나는 것과 비슷한 현상이다. 몰입 상태에서 일어나는 최적의 수행은 두 가지 극단적인 상태 사이에서 발견되는 것이니 말이다.

신경과학자 가자니가$^{\text{Michael S. Gazzaniga}}$와 아이브리$^{\text{Richard Ivry}}$와 맹건$^{\text{Gerald Archie Mangun}}$이 쓴 것처럼 "도파민은 그 시스템이 다른 것들보다 특정 반응을 더 많이 일으키도록 하는 편향을 갖고 있다". 성공의 경험은 도파민의 분비를 낳고 이 분비는 "그래, 내가 해냈어!" 하는 즐거운 느낌으로 등록된다.

전형적으로 주의와 이성적 사고와 의사결정과 관련이 깊은 전두엽 부

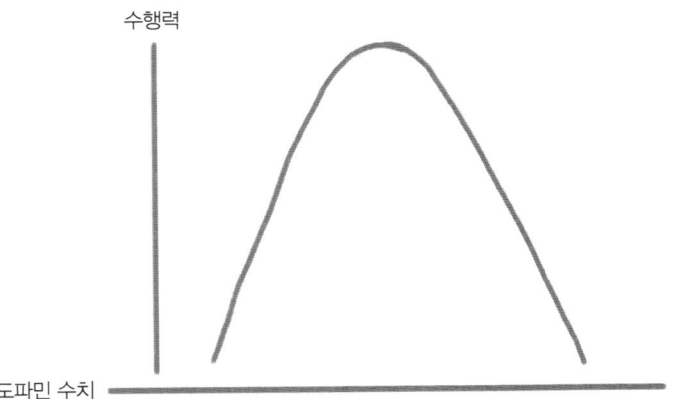

위와 보상체계 사이의 연결은 우리가 초점을 맞출 대상에 중요한 영향을 미친다. 예를 들어보자. 무서운 일을 좋아하는 사람은 없지만 무서운 영화를 보기 위해 영화관에 가는 사람은 많다. 그것은 무서운 영화가 섹시하게 생긴 이성이 다가올 때나 재미있는 새 게임을 접할 때 활성화되는 주의 메커니즘과 보상 메커니즘을 동시에 자극하기 때문이다.

그렇다면 도파민 수치가 낮을 때는 대뇌피질의 활동이 둔화된다는 가설도 가능할 것이다. 반면에 도파민 수치가 병적일 만큼 높을 때 뇌는 혼란에 빠지게 된다. 뇌가 동시에 너무 많은 것을 하려고 들다 보니 일어나는 현상이다.

시끄러운 환경 속에서 끈질기게 주의를 집중하려 노력하면 이와 비슷한 경험을 하게 된다. 그런 상황에서 주의는 끊임없이 일과 환경 사이를 왔다 갔다 하게 된다. 그러면 일에 결정적인 신경세포의 활성화가 뇌의 다른 곳에서 일어나는 활발한 활동과 동시에 일어난다.

그러나 뇌의 도파민 수치가 적절히 균형을 이루고 있고 우리가 자신의 일에 빠져 적절히 집중하고 있다면 우리는 천천히 몰입 상태로 들어가게 된다. 몰입 상태에서 주의는 아무런 방해를 받지 않고 눈앞의 과제에만 집중하게 된다. 피질에 자리 잡고 있는 신경네트워크의 활성화는 일관성을 보이며 서로를 방해하지 않는다. 비의식인 시스템 1은 내적 갈등을 일으키지 않고 또 의식인 시스템 2의 간섭을 받지 않는 가운데 작동하고 있다. 그런 활동의 일관성과 강렬함 때문에 신경경로 유연성 효과 neuroplastic effec가 더 확고하고 오래 지속될 확률이 있다.

달리 말하면, 아이들이 몰입 상태에서 공부할 때 그들의 주의를 학습 내용에 더 잘 붙들어놓을 수 있다. 이는 또한 보다 일관성 있는 행동을 일으키며 동시에 새로운 기술과 지식을 익히는 새로운 신경네트워크를 형성시킨다. 몰입 상태야말로 최적의 학습 조건이라고 할 수 있다.

재능의 공식

1990년대 초까지 재능에 대한 대체적인 견해는 재능의 상당 부분이 유전적이라는 것이었다. 말하자면 아이들이 유전적으로 음악적 재능이나 운동 솜씨를 타고나든가 그렇지 않든가 둘 중 하나라는 것이다.

앤더스 에릭슨(Anders Ericsson)이 1993년에 발표한 논문은 이런 생각을 완전히 뒤집는다. 재능이 정말 유전적인 것이라면 연습은 개인의 역량에 별다른 영향을 미치지 못한다. 그런데 에릭슨의 연구를 보면 과학이나 스포츠, 음악, 경영 등 분야를 불문하고 톱클래스의 거의 모든 전문가들은 자신의 재능을 꽃피우기 위해 엄청나게 많은 시간을 투입해 연습을 반복했다는 것을 알 수 있다.

에릭슨의 연구에 따르면, 톱클래스의 전문가들은 누구나 연습에 1만 시간을 투자했다고 한다. 노벨 수상자, 올림픽 게임 선수들, 카네기 홀 연주자, 〈포춘〉 잡지 선정 500대 CEO라면 누구나 10년 동안 1년에 52주, 일주일에 7일, 하루에 3시간 이상 연습했다는 것이다. 그리고 이 연습은 그냥 악기를 연주하거나 책장을 넘기는 것이 아니라 100퍼센트 정신을 집중하는 연습이었다.

물론 타고난 유전자도 중요하다. 어떤 사람은 외향적이고 사교적이며, 다른 사람은 내성적이고 침울하다. 성격이 기질에서만 비롯되는 것은 아닐지라도 이런 타고난 특성과 성격 사이에 높은 상관관계가 발견될 수 있다.

하지만 아이가 양자물리학자나 톱 바이올리니스트가 되고자 하는 뜨거운 열정을 갖고 있다면 아이의 유전자 안에는 자신이 진정으로 뜨거운 열정을 느끼고 있는 것이 바로 그것인지를 확인하는 것 외에 꿈의 여행을 방해할 요소는 전혀 없다. 그러므로 재능과 열정의 문제는 아이들 스스로 자신이 진정으로 어떤 존재인지를 스스로 깨닫는 문제로 귀결된다.

사람은 누구나 열정을 품고 있다. 우리의 행동을 이끌 독특한 사명이나 행동과 존재의 특별한 스타일을 갈망하고 있는 것이다. 열정은 신경 세포의 일관된 성장, 즉 학습을 낳는다.

기억과 학습이 이루어지는 과정

 기억이 뇌에 어떤 식으로 저장되는지는 정확히 알 수 없다. 그러나 그동안 축적된 많은 연구 자료는 기억이 작동하는 방식을 들여다보게 할 만큼 충분한 정보를 제시했다.

 기억이 뇌 안에 아이템으로 저장된다고 믿는 사람들이 아직 일부 있지만 새로운 연구 결과들은 그렇지 않다는 점을 강력히 암시하고 있다. 기억은 상자 안에 장난감을 보관하는 것 같은 방법으로 자료들을 뇌에 집어넣고 보관함으로써 형성하는 것이 아니다. 그보다는 신경 네트워크의 자극이 그 자극의 원천과 관련 있는 뇌 부위를 강화한다고 하는 편이 더 설득력 있다.

 20세기 말까지만 해도 뇌는 언어와 시각적 지각 같은 기능을 담당하는 별도의 부위가 있는 기계처럼 작동하는 것으로 여겨졌다. 하지만 지금은 뇌가 기계보다는 훨씬 더 통합적으로 작동한다는 사실이 일반화되어 있다.

뇌는 기계가 아니다. 오히려 뇌는 정원을 닮았다. 영양분을 듬뿍 주며 가꾸는 식물들은 번성하고 신경을 쓰지 않는 식물들은 말라 죽게 되는 그런 정원 말이다.

기억도 모든 사고와 마찬가지로 반복과 연상의 법칙에 근거하고 있다. 기억은 정보의 저장고가 아니다. 영민한 학생이 새로운 정보를 말끔하게 저장하는 그런 곳이 아닌 것이다. 기억은 기존의 신경 네트워크를 확장하고 강화하는 것과 관계가 깊다. 이 네트워크가 기술과 이해력을 견고하게 단련시키고 확장시킬 것이다. 흔히 기억은 과거에 관한 것이라고 생각하지만 그에 못지않게 미래에 관한 것이라는 아이러니가 성립된다.

기계적인 학습은 기껏해야 비교적 적은 양의 정보를 비교적 짧은 시간 동안 간직하도록 가르칠 수 있을 뿐이다. 그러나 이 자료가 유익한 정보를 만들어내도록 하기 위해선 그 자료를 기존의 실용적 지식 안으로 녹여내고 통합시킬 수 있어야 한다.

설령 정보를 갖고 있다 할지라도 어떻게 해야 할지 모른다면 그것은 지식이 아니다. 그것은 뜻도 모르고 앵무새처럼 반복하는 것에 지나지 않는다.

공부하고 있는 주제에 몰두하지 않는다면 거기서 많은 것을 배우기는 어렵다. 이때는 단순한 사실을 기억하려 해도 엄청나게 노력해야 할 것이다. 반대로 공부하는 내용에 관심을 충분히 쏟고 열정을 갖고 있다면 그 정보를 아주 빨리 배우고 또 오랫동안 기억할 수 있다.

> **기억의 산책로 만들기**
> 1. 새로운 것을 기억할 때 자신이 잘 아는 곳에서, 이를테면 자신의 집에서 산책하고 있다고 상상한다.
> 2. 상상한 장소에 있는 작은 길 위에 기억할 항목들을 걸어놓는다.
> 3. 그 항목들을 떠올릴 때 그 장소를 다시 걷고 있다고 상상한다.

의미망과 의미 부하

몇 년 전, 교사들을 대상으로 사고에 대한 강연을 할 때의 일이다. 질의응답 시간에 교사 한 명이 손을 들고 이런 질문을 던졌다. "하지만 아무리 이해시키려 노력해도 안 되는 학생이 있을 경우에 당신은 어떻게 합니까?" 나는 잠시 멈춰 서서 이 질문에 대해 깊이 생각해 보았다. 교사들이 아주 흔하게 경험하는 문제였다. 주제가 아주 단순해도, 그리고 그 주제에 대한 설명을 아무리 쉽게 해도 그것을 이해하지 못하는 학생은 언제든지 나올 수 있다.

가르침을 정보를 전달하는 것으로 여기던 옛날의 인식에서는 이 질문이 문제가 되지 않는다. 정보가 이미 거기에 있기 때문이다. 이때 학생들은 주의를 기울이며 그 정보를 찾아내서 외우기만 하면 된다. 문제는 그것이 그처럼 간단하지 않다는 데 있다. 사실 문제는 학생의 주의력에 있는 것이 아니라 교사가 학생들이 이미 알고 있는 것들을 얼마나 잘 건드려주는가 하는 데 있다.

하버드 대학 철학과 교수인 콰인^{Willard Van Orman Quine}은 거미집 같은 망

을 들어 믿음에 대해 설명한다. 콰인의 스승이며 역시 하버드 대학 교수였던 루이스$^{\text{Clarence Irving Lewis}}$는 의미에도 그 원칙이 그대로 통한다고 주장했다. 단어의 의미들이 어떤 의미망을 형성하고, 이 의미망에서 어떤 단어는 다른 단어들에 의해 정의되고, 또 어떤 주어진 정의는 충분한 합의를 이룸으로써만 간직된다. 예를 들어 명왕성은 행성의 기준을 어떤 식으로 합의하느냐에 따라 행성이거나 행성이 아닌 것으로 정의될 수 있다.

어떤 단어의 의미는 의미들의 망, 즉 하나의 의미망으로 해석될 수 있다. 하나의 의미망 안에서 각 단어는 의미의 운반자의 역할을 맡고 그 의미, 즉 그 네트워크의 정확한 구조는 상당 부분 경험에 의해 정의된다.

단어들과 개념들은 모든 사람들에게 똑같은 의미로 다가오지 않는다. 사실 단어의 의미는 언어를 사용하는 개인의 경험에 따라서 엄청나게 달라질 수 있다.

의미망은 역동적이며 끊임없이 흐르는 상태에 놓여 있다. 예를 들어, 아이가 고래는 물고기가 아니고 포유류 동물이라는 것을 배울 때 '고래'라는 단어의 의미망이 변화한다. '고래'와 '물고기' 사이의 연결이 끊어지고 '고래'와 '포유류' 사이의 새로운 연결이 창조된다.

학습은 물건들을 어떤 상자 안에 넣는 것과는 다르다. 학습은 그보다 기존의 뼈대에 새로운 요소를 더하는 것과 비슷하다. 만약에 아이가 새로 배울 내용을 덧붙일 수 있는 뼈대를 갖고 있지 못하다면 배움 자체가 매우 어려워질 것이다.

이야기들과 유머, 사례와 경험을 통한 배움이 매우 효과적으로 작동하는 이유도 바로 거기에 있다. '오직 사실들만' 제시할 경우에 아이들은 의미 없는 정보만을 갖게 될 것이다. 만약에 아이들이 그 주제에 대한 사전 지식을 충분히 갖고 있지 않다면 그 단어들은 아이들에게 아무런 의미를 갖지 못할 것이다. 그러나 만약에 똑같은 내용에 비유로 양념을 치거나 영감을 고무하는 이야기를 곁들인다면 그 비유나 이야기가 내용을 풍성하게 만들어 아이들이 더욱 쉽게 받아들일 수 있게 된다.

각 단어는 '의미 부하$^{semantic\ load}$'를 지고 있다. 한 단어의 의미 부하는 경험을 통해서 끌어낸 표준들의 집합이며, 이 표준이 우리로 하여금 그 단어를 주어진 어떤 상황에 적용될 수 있는지를 판단할 수 있게 한다. 단어들이 갖고 있는 의미의 부하를 탐구하는 가장 쉬운 방법은 그 단어

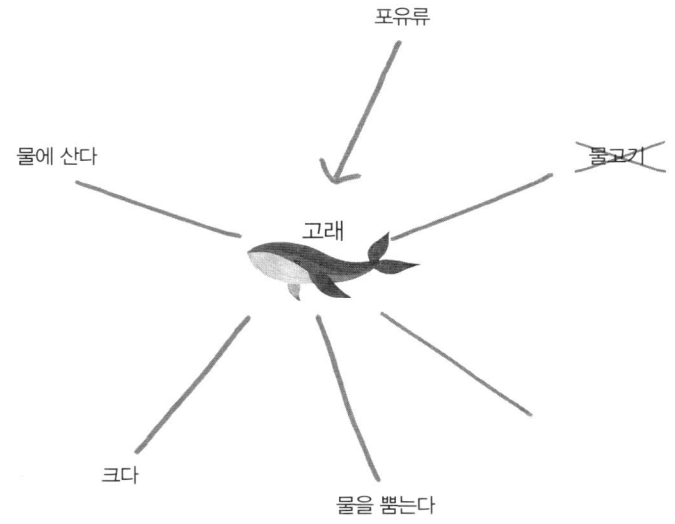

의미망의 변화 과정

들을 어느 정도 묘사할 수 있는지 검사해보는 것이다. 예를 들어 다음과 같은 단어에 대해 생각해볼 수 있다.

고양이라는 존재에 대해, 고양이의 행동에 대해, 고양이를 볼 수 있는 곳에 대해, 아니면 고양이가 좋아하는 먹이에 대해 당신은 한두 페이지짜리 에세이를 쉽게 쓸 수 있을 것이다. 그렇다면 전자^{電子}는 어떤가? 우리 모두는 전자가 의미하는 것을 알고 있다. 정말 그럴까? 만약에 당신이 전자에 대해 한 페이지짜리 에세이를 써야 한다면 어떨까? 당신이 물리학자가 아니라면 전자에 대해 겨우 한 페이지를 쓰는 것도 상당히 어려운 일이 될 것임에 틀림없다.

단어들이 모든 사람에게 똑같은 의미로 다가오는 것은 아니다. 의미망은 끊임없이 성장하기도 하고 약해지기도 한다. 각각의 경험은 일부 연결을 강화시키는 한편 다른 경험을 약화시킨다. 여기서 우리가 확인할 수 있듯 언어와 이해의 발달은 신경 네트워크의 발달과 매우 유사하다.

우리는 어떻게 배우는가?

대니얼 오펜하이머$^{Daniel\ Oppenheimer}$는 프린스턴 대학의 부교수다. 몇 년 전에 그는 교사가 학생들을 가르칠 때 언어를 어떻게 사용해야 하는가 하는 아주 재미있는 논문을 발표했다. 논문의 제목은 '필요와 무관하게 사용된 전문용어의 영향'이었다. 여기에는 '긴 단어들을 불필요하게 사용하는 데 따른 문제점'이라는 부제가 붙어 있었다.

　실험에서 오펜하이머는 학생들에게 다양한 인용문을 제시하고 그 문장들을 평가해달라고 부탁했다. 논문의 제목이 암시하듯 각 인용문의 복잡성은 글마다 크게 달랐다.

　결과는 분명했다. 단순한 글일수록 이해가 쉬웠다. 게다가 어렵고 전문적인 단어들을 쓴 작가들이 직선적이고 쉽게 이해 가능한 단어를 쓰는 작가에 비해 덜 지적인 것처럼 보였다. 박식해 보이는 전문 용어의 사용이 오히려 우둔함으로 드러낸다는 것이다. 이야기의 핵심은 아무리 어려운 주제일지라도 가능한 한 단순한 단어를 이용하여 그 주제를 전달하려고 노력해야 한다는 것이다.

　오랫동안 커뮤니케이션은 테니스 시합과 비슷하다고 여겨져 왔다. 정보는 공이고, 그 공은 이 선수에서 저 선수로 넘어간다. 이 같은 관점은 기억 저장 모델과 잘 맞아떨어졌다. 그러나 지난 10여 년 사이에 발표된 연구 결과들은 이 관점에 의문을 제기했다.

　2010년에 발표된 흥미로운 한 논문은 인간이 서로 소통할 때 그들의 뇌가 서로 동조한다는 것을 증명해 보였다. 말하자면 화자와 청자의 뇌가 동시에 똑같은 영역에서 활성화되기 시작한다는 뜻이다. 더욱 흥미로운 것은 청자가 화자의 말을 이해하지 못하고 있을 때는 그런 동조가 전혀 탐지되지 않는다는 사실이다.

　이 동조는 그 뿌리를 우리의 어린 시절에 깊이 내리고 있다. 갓 태어난 아기와 엄마는 보디랭귀지와 얼굴 표정과 뇌 기능 등에서 서로 동조를 보인다. 최근의 한 연구는 우리가 아기일 때 시작된 동조가 성인이 되어서까지도 계속 된다는 것을 보여주었다.

이 연구 결과에 비춰보면 우리의 뇌와 마음이 정보를 실제로 주고받는 것이 아니라 인간이 서로 동조하고 일을 함께 함으로써 정보를 창조해낸다고 말해도 무방할 것 같다. 이를 두고 MIT 연구원 윌리엄 아이작스[William Isaacs]는 '함께 생각하는 기술'이라고 표현했다.

학생들이 수업시간에 얻게 되는 정보의 양이 생각보다 적다고 해도 놀랄 일은 아니다. 어떤 수업에서, 특히 교사가 지루하게 독백을 풀어놓고 있는 상황에서는 교사가 학생들과 진정으로 동조하면서 강의에 몰두할 가능성은 그리 크지 않다. 그 교사의 임무는 교실에 들어와서 학생들 앞에서 강의를 하고 떠나는 것이다. 만약에 그런 상황에서도 배움이 일어난다면 정말 다행한 일이다.

만약에 교사가 수업 첫 부분에서 학생들에게 질문을 던지고 수업 내용을 그 질문과 연결시키거나 그 질문 중에서 흥미로운 어휘나 주제를 선택함으로써 학생들이 수업에 몰두하게 만든다면 그 교사는 틀림없이 학생들과 더 친밀하게 연결될 것이고, 따라서 보다 의미 있는 학습 결과를 기대할 수 있을 것이다.

커뮤니케이션은 춤과 비슷하고 학생 한 사람 한 사람이 엮어내는 의미망은 그들이 이미 알고 있는 안무의 일부다. 그러나 만약에 교사가 학생들이 알고 있는 것과는 아무런 관계가 없는, 낯설기만 한 춤을 추기 시작한다면 그 수업 시간엔 별다른 배움이 일어나지 않을 것이다. 교사는 가르칠 내용과 학생들이 이미 알고 있는 지식을 서로 연결시킬 수 있어야 한다. 이때 가장 중요한 역할을 하는 것이 질문이다. 질문하지 않는다면 학생들이 뭘 알고 있는지 알 수 없기 때문이다.

　뇌의 작동 방식이나 정보가 인간의 마음에 의해 이용되는 방식에 관한 지식을 충분히 파악하기 위해서는 학습된 정보가 교사와 학생의 공동 노력에 의해 생겨나는 것이라는 점을 이해해야 한다. 정보는 이 사람에게서 저 사람에게로 일방통행으로 전달되는 것이 아니다. 정보는 오히려 공동의 노력의 결과다. 학습은 교사와 학생의 조화로운 행위에 의해서 생겨나는 것이다. 학습은 정보를 처리하는 과정이 아니다. 학습은 곧 행동이다.

3장

LEARNING AS FUN

학습과 그 미래

차세대 학습이란 무엇인가

몇 년 전 나는 박사 학위 논문을 쓰는 동안 남는 시간을 활용해 임시 교사로 일하고 있었다. 어느 날, 나에게 1학년 학급에서 핀란드어와 수학을 가르치는 일이 떨어졌다. 그 학급에 들어가서 학생마다 한 문장씩 읽히는 방식으로 공부를 시키라는 구체적인 지시까지 내려졌다. 그러나 내가 교실로 와서 핀란드어 교재를 끄집어낸 순간 일곱 살짜리 아이들 사이에서는 "아이고! 핀란드어라니! 지겨워 죽겠어!"라는 불만이 터져 나왔다. 순간 나는 멍해졌다. 그런 분위기에서는 제대로 수업을 진행할 수 없을 것 같다는 생각이 들 정도였다.

책을 펼치는 순간 나는 아이들의 마음을 완벽히 이해할 수 있었다. 토끼에 관한 지루한 이야기였다. 세 살짜리 아이들이나 재미있게 들을 만한 이야기였다. '스타 워즈'와 '헬로 키티'에 더 많이 끌리는 일곱 살 아이들에게 이것은 45분짜리 고문을 위한 준비였다. 그러나 나에게는 할 일이 있었다. 어쨌거나 아이들은 핀란드어를 배워야 하니까 말이다.

만약에 내가 학교에서 지시 받은 대로 한다면 우리 모두 지겨운 시간을 보내게 될 판이었다. 나는 잠시 고민하다 생각을 완전히 바꿨다. 그날 수업의 핵심은 학생들이 책에 있는 단어들을 읽고 쓰는 법을 배우게 하는 것이었다. 그래서 나는 '행맨' 게임을 시작했다.

아이들은 자신의 차례가 되면 저마다 단어 하나를 선택하여 그것으로 칠판에서 행맨 게임을 할 수 있었다. 아이들은 아주 재미있어 했다. 이것은 아이들에게 완전히 새로운 수업 방식이었다. 수업이 끝나갈 때 쯤 아이들은 읽을 차례가 올까 겁을 먹기는커녕 서로 먼저 칠판 앞으로 나가겠다고 손을 치켜들었다. 우리는 지루한 공부를 놀이로 바꿨다. 그리고 나는 아이들이 틀림없이 읽기와 쓰기에 대해 책을 보며 로봇처럼 문장을 되풀이해서 읽었을 때보다 더 많은 것을 배웠을 것이라고 확신한다.

게임은 배우고 있는 내용을 전달하고 학습의 동기를 부여하는 탁월한 발판을 제공할 것이다. 그런 게임이야말로 미래 교육자의 도구함에 유일하게 남을 도구다. 학습은 그 경로가 다양하고 또 사회적인 환경에서 이루어질 때 가장 효과적이다. 그리고 사람들이 함께 모여 다양한 방법을 이용하여 서로에게서 새로운 것을 배울 수 있을 때 학습 효과가 가장 빨리 나타난다. 책과 게임, 비디오와 운동은 학습 경험을 크게 향상시킬 수 있으며 사회적 환경은 학습을 완전히 새로운 차원으로 끌어올릴 견인차 역할을 할 것이다.

자기 주도 학습

윈스턴 처칠Winston Churchill이 자신은 배우는 걸 좋아하지만 가르침을 받는 것은 싫어한다고 말한 것으로 전해진다. 가르침의 고전적 모델이 안고 있는 문제는 교사와 학생을 균형이 맞지 않는 계급조직적인 위치에 놓는다는 사실이다.

학교 교육을 성인의 학습으로 바꿔서 생각해보면 그 모델의 문제점이 분명히 드러난다. 만약에 교사가 학생을 무식한 사람으로 다룬다면 학생들은 저항하기 시작할 것이다. 인간으로서의 고귀함이 침범 당할 수 있기 때문이다.

문제는 이것이다. 아이가 청소년에서 성인이 되는 마법의 시점은 정확히 언제일까? 만 19세가 될 때? 아니면 21세가 될 때? 실은 모든 사람이 5세든, 35세든, 55세든 아니면 85세든 똑같이 3가지를 공통적으로 갖고 있다. 우리 모두는 개별적으로 생각하고 느끼는 하나의 생명체로서 주인의식을 느낀다. 우리 모두는 자율성과 역량강화, 소속감의 심리적 욕구를 충족시킬 필요성을 느낀다. 그리고 우리 모두는 자신이 살고 있는 세상에 대해 어느 정도의 당혹감과 난처함을 느낀다. 우리는 항상 더 나은 곳에 닿을 방법을 찾아내길 원한다. 그러면서도 우리의 주권과 기본적인 욕구를 대가로 지급하길 원하지는 않는다.

마리아 몬테소리Maria Montessori가 썼듯이 "우리는 아이들도 정신생활을 하고 있다는 놀라운 사실을 받아들여야 한다. 그런데 아이들의 정신생활은 아주 미묘하게 표현되는 탓에 어른들이 눈치를 채지 못하는 가운데 흘러가 버린다. 따라서 어른들은 뜻하지 않게 아이들의 정신의 형성에 피해를 안기고 아이들의 발달을 방해하게 된다". 아이들에게 방해가 되지 않기 위해서라도 우리는 교육을 가르치는 것으로 보기를 그만두고 학습이 용이하도록 돕는 것으로 보기 시작해야 한다.

포인트는 이것이다. 아이들도 나이 든 사람들과 그리 다르지 않다. 아이들은 기술이나 정보 면에서 어른들에 비해 아는 것이 훨씬 적다. 그리고 아이들은 대체로 더 작고 약하다. 그러나 아이들이 어른들과 다른 것은 그 정도뿐이다.

> **자기 주도 학습 환경 만들기**
> 1. 쉽게 접근할 수 있는 곳에 영감을 불러일으키는 책과 보드 게임, 퍼즐 게임, 비디오와 학습 장난감을 모아 둔다.
> 2. 가능하다면 태블릿을 이용하여 디지털 학습 환경을 조성한다.
> 3. 아이가 그 환경 안에서 흥미로운 자료들을 마음껏 활용하도록 내버려둔다.
> 4. 만약에 아이가 어떤 주제를 특별히 재미있어 한다면 그 분야의 학습 경험을 더 많이 제공한다.

나이가 많고 몸집이 더 큰 어른도 살아가면서 비슷한 상황에 처할 때가 종종 있다. 자신의 목적지에 이르는 길이나 어떤 문제에 대한 해결책을 모를 때 우리는 주변에 도움을 청해야 한다. 소스 병의 뚜껑이 너무 꽉 닫혀 있다면 그걸 열기 위해 나보다 힘이 더 센 사람에게 도움을 청해야 한다.

부엌을 수선하는 방법을 모른다면 다른 누군가에게 그걸 대신해 달라고 부탁해야 한다. 마이크로소프트 워드로 작업을 하면서 단락 나누기를 제대로 못할 때도 다른 사람에게 부탁하거나 그걸 새롭게 배워야 한다.

아이의 삶도 보다 깊은 존재론적 차원에서 보면 이와 많이 다르지 않다. 유일한 차이가 있다면 양의 차이뿐이다. 아이에겐 누군가를 위해 대신할 수 있는 일보다 도움을 청해야 할 일이 훨씬 더 많다. 그러나 그런 일은 어른들에게도, 태어나는 순간부터 죽는 그날까지 언제나 일어나고 있다.

자신이 원하든 원하지 않든 우리 모두는 평생 학습자들이다. 우리의 내면 깊은 곳에서 우리 모두는 배우길 원하고 있다.

탐험과 노출

나는 몇 년 전에 학교의 학습과 미래에 대해 TED에서 강연을 한 적이 있다. 강연을 준비하는 동안 불현듯 우리 아이들이 책에서부터 학습 게임까지, 나무 퍼즐 세트에서 영감을 자극하는 비디오까지, 레고 블록에서부터 보드 게임까지, 지식을 끌어낼 수 있는 다양한 방법을 마음대로 탐험하면서 도대체 얼마나 많은 것을 얻고 있을까 하는 생각이 들었다. 그때만 해도 우리에겐 아이패드 같은 것이 없었다.

당시 4세였던 나의 딸은 프랑스 고전 애니메이션 쇼 '옛날 옛날 옛적에⋯⋯ 생명이 있었네'와 '옛날 옛날 옛적에⋯⋯ 발견자들이 있었네'를 아주 좋아했다. 인체에 관한 이야기를 들려주는 '…… 생명이 있었네'는 딸이 가장 좋아하는 것이었다. 딸의 등쌀에 나도 26개 파트로 된 이 시리즈를 서너 번은 보았을 것이다. 그렇다면 몰두에 관한 강연에도 활용할 수 있지 않을까.

강연을 준비하면서 나는 딸에게 b-림프구 혹은 대식세포가 무엇인지 아느냐고 물어보았다. 그러자 딸은 내 쪽으로 멍한 눈길을 돌리며 "몰라"라고 대답했다. 나는 깜짝 놀라지 않을 수 없었다. 내가 학습에 대해 읽은 모든 내용과 내가 현실에서 목격한 것 사이에는 큰 차이가 있었다.

어쨌든 그 정도로 깊이 몰두하고 또 학습 내용의 깊이도 그만하다면 딸은 나의 질문에 그 자리에서 대답을 내놓아야 했다. 그런데 그때 어떤 생각이 머리를 스쳤다. 'b-림프구'와 '대식세포' 같은 용어들은 그 시리즈에 비교적 드물게 쓰였다는 생각이 들었던 것이다. 달리 말해, 딸아이에게 그 단어들의 의미는 매우 가벼웠다. 그렇다면 그 개념들에 대해서는 알고 있을까?

나는 질문을 다시 다듬었다. 나는 딸에게 b-림프구는 피터와 프사이가 함께 타고 날아다니는 자그마한 우주선이고, 대식세포는 노란색의 개구리 같이 생긴, 뭐라고 해야 하나, 수리공들이 타고 달리던 것이라는 점을 상기시켰다. 그러자 딸은 눈도 한 번 깜빡거리지 않고 얼굴 가득 웃음을 머금으면서 "맞아! b-림프구는 항체를 만드는 것이고, 대식세포는 죽은 박테리아를 먹는 거야!"라고 대답했다.

어쩌다 진정으로 공명하는 무엇인가를 만나지 못하면 이렇듯 사람들은 자신의 관심을 끄는 것이 무엇인지, 자신이 인생에서 하고 싶어 하는 것이 무엇인지를 잘 모르게 된다. 노벨상 수상자들이 자신의 분야에 처음 관심을 갖게 된 것을, 예를 들어, 고등학교 화학 선생의 덕으로 돌리는 경우가 적지 않다. 만약에 다양한 종류의 일들을 직접 시도해 보지 않는다면 우리는 최악의 경우에는 자신이 진정으로 원하는 것이 무엇인지 절대로 알아내지 못할 것이다.

  이 때문에 학습은 다양한 종류의 주제에 풍성하게 노출되는 것으로 시작되어야 한다. 나는 노출을 강조한다. 학생들은 정보를 어느 정도 잘 받아들이는지를 확인하기 위해 아주 이른 나이에 테스트를 받는다. 문제는 아이들이 흥미를 느끼지 못할 경우에는 아무리 중요한 정보라도 오랫동안 기억되지 않는다는 사실이다. 시험 점수를 잘 받기 위해 밤 새워 공부하는 아이들조차도 본질적으로 관심을 갖지 않는 분야인 경우에는 몇 주일만 지나면 학습 내용을 잊어버린다. 예를 들어, 당신도 학교에 다닐 때는 나폴레옹과 웰링턴 경이 워털루에서 전투를 벌인 때를 묻는 시험 문제에 정확히 대답했을 것이다. 그렇다면 지금 한번 대답해보라. 그 전투가 벌어진 것은 몇 년인가?

  관심과 참여의 유발을 촉진하기 위해서, 학습 내용은 접근이 매우 용이하고 아이들의 영감을 고무하는 방식으로 제시되어야 한다. 고전적인 예는 영감이 넘치는 교사, 즉 자신의 일을 진정으로 사랑하는 소명의식이 강한 교사다. 이 교사의 사랑이 학생들에게 빛을 발산하고, 심지어 몇몇 학생들을 고무하여 교사가 가르치는 분야의 일을 추구하도록 만들기도 한다.

  학생들이 다양한 학습 방법을 자유롭게 탐험하도록 격려하는 것도 중요하다. 사람들이 각기 다른 방법을 이용해서 배운다는 것은 널리 알려져 있는 사실이다. 일부 학생들은 시각적 학습자인 까닭에 바라보고, 그림으로 그리고, 도형을 봄으로써 배운다. 또 일부 학생들은 청각형 학습자인 까닭에 배우기 위해서는 내용에 대해 들어야 한다. 앞에서 설명한 질리언 린 같은 사람들은 운동형 학습자인 관계로 학습 효과를 얻기 위해서는 자신의 손과 발, 팔과 다리로 무엇인가를 해볼 필요가 있다. 개인적인 차이가 아주 많기 때문에 아이들은 언제나 학습 내용에 다양한 방법에 자유롭게 노출되어야 한다. 그냥 가만히 앉아서 듣기만 하는 것으로는 어느 누구도 효과적으로 배우지 못하기 때문이다.

사회적 학습

러시아 심리학자 레프 비고츠키는 학습이 '근접 발달 영역'에서 효과적으로 일어난다고 주장했다. 비고츠키는 아이들이 현재 갖고 있는 지식이나 기술을 확인하는 것만으로는 발달 수준 평가에 충분하지 않다고 말했다. 말하자면 아이들이 지시사항을 얼마나 잘 수행하는지를 테스트하는 것도 그만큼 중요하다는 이야기다.

비고츠키는 다음과 같이 설명하고 있다.

"아이는 자신의 지적 잠재력의 영역 안에 있는 것들만 모방할 수 있다. 만약에 내가 체스를 전혀 할 줄 모른다면 체스 거장이 방법을 가르쳐주어도 나는 체스 게임을 하지 못할 것이다. 만약에 내가 산수를 알고 있는데 어쩌다 복잡한 연산 문제를 풀어야 하는 상황에 처해 있다면 누군가가 말로 설명만 해도 스스로 그 문제를 해결할 수 있을 것이다. 반면 내가 고등 수학을 모른다면 누군가가 미분방정식을 푸는 것을 보여준다 하더라도 나 스스로는 그 방향으로 한 걸음도 떼지 못할 것이다. 모방하기 위해선 내가 할 수 있는 것에서 내가 할 수 없는 것으로 옮겨갈 수 있는 가능성이 얼마라도 있어야만 한다."

비고츠키는 학습자들은 자신이 현재의 지식을 바탕으로 닿을 수 있는 영역 밖에서는 다른 사람의 지원을 받더라도 그 혜택을 누리지 못한다고 주장한다.

이 영역은 학습자에 따라 다를 것이다. 스스로 9세 수준의 테스트를 해낼 수 있는 아이는 도움을 받으면 12세 수준으로까지 영역을 확장할 수 있을 것이다. 반면에 다른 아이는 겨우 10세 수준으로까지밖에 확장하지 못할 수도 있다.

비고츠키의 주장은 앞에서 안락지대를 과감히 벗어나 최적의 수행지대와 몰입 채널로 넘어간다고 한 부분과 아주 비슷하다. 말하자면, 학습자가 안락지대로부터 강제로 밀려날 때 그들은 자신의 기술이 부족한 상황에 맞닥뜨리게 된다. 그런 상황에서 노련한 교사가 있다면 학습자는 새로운 기술을 갖추고 보다 효과적으로 행동하고 생각하는 방법을 배움으로써 최적의 수행지대로 나아갈 것이다.

여기서 중요한 부분은 각 학습자에게 적절한 균형을 발견해주는 것

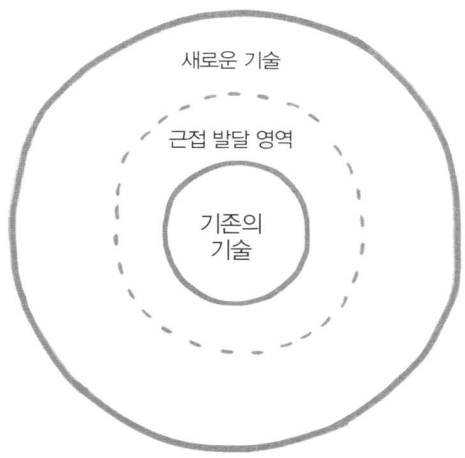

이다. 문제는 이 균형을 결정하기가 종종 어렵다는 점이다. 한 학생에게 적절한 연습도 다른 학생에게는 부적절하거나 과도할 수 있는 것이다. 이 때문에 교사는 학생에 따라서 기술 수준을 적절히 조정할 줄 알아야 하는데, 이는 모든 교사가 잘 알고 있듯이 오늘날의 교실에서는 거의 불가능한 미션이다.

다행히도 교사는 학생에 따라 최적의 지원을 하고, 따라서 각각의 학생이 근접 발달 영역에서 학습 활동을 하도록 도울 수 있는 방법이 많다. 효과적인 해결책으로는 교사가 아닌 코치로 학생들을 대하고, 학생들이 탐구 의욕을 느낄 수 있는 고무적인 학습 환경을 조성하고, 실력이 뛰어난 학생들을 교사의 보조자로 활용해서 교실의 관행을 바꿔놓으려는 노력 등을 들 수 있다.

> **사회적 학습 이용하기**
> 1. 아이들이 가장 많은 관심을 보이는 것이 무엇인지 알아낸다.
> 2. 아이들이 다른 아이들과 서로 영감을 교환하고 서로를 가르칠 수 있는 모임을 만들고 지원한다.

학습자 중심의 교육을 향해

학습에 최적인 사회적 환경은 어떤 것인가? 현대적 학습의 이상은 능동적 학습이다. 즉, 교사의 역할은 가르치는 것보다는 학습을 응원하고 용이하게 하는 그런 접근법을 말한다. 그럼에도 불구하고 대부분의 학교들은 낡은 수업 방식을 고수하고 있으며 여전히 교사의 임무는 지식을 전달하는 것이라는 고정관념에 사로잡혀 있다.

학생들은 강의에서 제시되는 내용의 겨우 5퍼센트만을 기억한다. 행동을 통한 학습에서 기억하는 비율이 75퍼센트라는 사실을 고려한다면 정말 형편없는 수치가 아닐 수 없다. 우리는 이제 몰두 없이는 어떤 정보도 효율적으로 학습되지 않는다는 사실을 잘 알고 있다. 그럼에도 대부분의 수업 내용이 여전히 교실 앞에 서서 말하는 교사에 의해 전달되고 있다.

학교에는 학습을 방해하는 심각한 요소가 두 가지 있다. 첫 번째 장애는 학습이 거의 일방통행으로 이루어지고 있다는 점이다. 정보가 교사로부터 학생에게 일방적으로 전달되고 있는 것이다. 두 번째 장애는 커리큘럼과 교사가 학생들이 배울 내용을 결정할 수 있다는 가정이다. 이

두 가지 가정 모두 학습에 해롭다.

첫째, 교사나 교과과정을 정하는 의사결정자들이 학생들이 배워야 할 내용을 결정할 수 있다는 가정은 학습이 학습자의 참여를 필요로 한다는 사실에 비춰보면 논리적으로 옳지 않다.

읽기와 쓰기처럼 모든 사람이 기본적으로 배워야 할 핵심적인 기술은 분명히 있다. 그러나 이런 경우에조차도 학습자가 다양한 탐구의 길과 다양한 학습 방법들을 탐험하게 하는 자율과 자신감을 개발할 수 있을 때만 학습이 이루어질 수 있다. 달리 말하면, 핵심 기술을 배우는 드문 경우에조차도 학생들이 그 기술을 배우는 방법을 위에서 강요해서는 안 된다.

핵심 기술을 제외하고는, 예를 들어 지질학을 배울 때 아이가 학습 내용에 직접적으로 참여하지 않고 필요한 정보를 충분히 습득할 것이라고 기대하기는 어렵다. 이를 인정하지 않음으로써 현재의 학교 시스템은 가우스 곡선과 같은 결과를 낳고 있다. 이 곡선은 아이들의 재능이 충분하거나 재능이 충분하지 않다는 것을 암시하는 것 같다. 반면에 학생들을 학습 내용에 적절히 노출시키고 자기 주도 학습을 강조하면 최악의 학급도 정상까지 올라갈 수 있다.

학습할 내용이 고무적인 방법으로 제공된다면, 이를테면 유쾌한 교사나 재미있는 비디오, 참여적인 게임이 활용된다면, 그리고 학습자가 그 안에서 자신의 주의를 통제할 수 있다면 그 내용은 별다른 문제없이 흡수될 것임에 거의 틀림없다.

곤란한 점은 모두가 어느 과목에나 관심을 갖지는 않는다는 사실이

> **스노우볼링(snowballing)으로 욕구 자극하기**
> 1. 아이들에게 지금 눈앞의 질문에 20초 동안 주의를 집중하라고 요구한다.
> 2. 아이들이 그 사이 떠오른 아이디어들을 놓고 서로 토론을 벌이게 한다.
> 3. 아이들이 파트너를 바꿔서 토론을 계속하도록 유도한다.
> 4. 마지막에 그 대답들을 모아서 토론을 벌인다.

다. 우리는 이 점을 가능한 한 빨리 인정해야 한다. 모든 학생이 모든 토대를 다 밟도록 한다는 목표에서 벗어나 학생 개개인의 강점과 열정을 강조하는 쪽으로 정책을 개선해야 한다.

켄 로빈슨이 지적하듯이 "아이들이 가장 잘 배우게 되는 때는 아이들이 서로 배우고 교사도 아이들과 함께 배우고 있을 때다". 교사의 역할은 그냥 단순히 정보를 전달하는 것이 되어서는 안 된다. 그보다는 새로운 이해를 건설하는 일에 한 사람의 행위자로 참여해야 한다. 동기부여와 노동은 아이들의 몫으로 남겨 놓는 반면 교사는 필요할 때마다 아이들을 응원해야 한다.

핀란드 교육 연구가 한넬레 니에미^{Hannele Niemi}는 이렇게 쓰고 있다.

"촉진자와 중재인으로서의 교사의 역할은 새로운 빌딩을 건설할 때 세우는 비계^{飛階}와 비슷하다. 교사의 역할은 여러 분야의 학습 연구와 새로운 예술작품과 사람들과 환경에 대한 지속적인 대화에 근거한 새로운 도구들을 제공함으로써 마음을 창조해나가는 하나의 과정이다. 교사의 역할은 학습을 통해 사람들에게 권능을 안겨주는 것이다."

이 같은 의미에서 보면 가장 효과적인 가르침은 우리가 평소에 코칭 또는 트레이닝이라고 부르는 것과 아주 비슷해진다. 코치나 트레이너는 대체로 학습자가 배워야 할 것을 사전에 결정하지 않는다. 대신에 학습자가 자연스레 끌리는 곳으로 나아갈 수 있도록 이끌고 응원을 보내며 그 길을 터주는 데 집중한다.

학습에 대한 그런 식의 태도는 20세기 초에 이미 마리아 몬테소리의 지지를 받았으며, 몬테소리 학습법은 세계 각국에서 성공적인 유치원과 초등학교의 바탕을 이루고 있다. 몬테소리의 근본적인 가정은 아이들은 태생적으로 호기심을 갖게 되어 있으며 세상을 탐험하는 데 관심을 보이게 되어 있다는 것이다. 몬테소리 방식에서 교사와 학생의 역할은 거의 반대가 된다.

"교사는 가르치는 활동을 거의 하지 않으며 아이가 활동의 중심에 서서 스스로 배우게 한다. 또한 할 일과 운동의 선택 또한 아이 스스로 자유롭게 할 수 있다."

이와 비슷한 접근법이 레지오 에밀리아$^{Reggio\ Emilia}$ 학교에 의해 채택되고 있다. 이 학교에서는 학생들의 개인적 열정이 교사에 의해 부각되고 응원을 받는다. 학생들이 마음대로 돌아다닐 영감의 공간도 마련되어 있다. 레지오 에밀리아 학교의 커리큘럼은 학생 지향적이다. 달리 말하면, 교사는 학생들이 자신에게 가장 적절한 탐구의 길을 찾아갈 수 있도록 돕는 사람이다.

티칭과 코칭

교사가 자신이 알고 있는 사실들을 학생들에게 이전할 수 있다는 고전적인 사상은 우리가 지금 알고 있는 지식에 비춰보면 이치에 맞지 않는다. 교사는 학생들이 배우도록 강제하지 못한다. 교사가 할 수 있는 것은 학생들이 다양한 영역을 탐험하고 실험할 수 있도록 영감을 불러일으키는 환경을 제공하는 것이다.

릭비와 라이언은 이렇게 강조한다.

"일관되게 확인되고 있는 것이 있다. 학생들이 통제를 받고 있다는 느낌을 받지 않고 교사에 의해 자신의 자율성이 보장받고 있다고 느낄 때 지속적인 참여가 더 활발하게 이루어지고, 학습과 기억도 더 잘 되고, 학생의 웰빙이 전반적으로 향상된다. 즉 학생들이 자신의 교사를 권위적인 독재자가 아니라 이해해주고 귀를 기울이고 선택권을 주고 독창성을 응원하는 한 사람의 리더로 받아들일 때 그들은 학습에 가장 열심히 참여하고 최고의 수행력을 발휘한다."

열쇠는 학습을 위한 내용을 충분히 공급하고 참여를 자극하는 것이다. 학습 내용이 제아무리 훌륭하다 하더라도 학생들의 참여가 이루어지지 않는다면 거기엔 학습이 있을 수 없다.

'가르침'에 방점을 찍어서는 안 된다. 교사가 아무리 많은 것을 가르치더라도 학생들이 참여하지 않는다면 그들은 배우지 못할 것이다. 대신에 방점은 '학습'에 찍혀야 한다.

만약에 진정한 학습이 일어난다면 어떤 교수법이 동원되었는가 하는 문제가 뭐 그렇게 중요하겠는가?

진정한 학습이 일어나도록 하려면 코칭이 보다 유익한 모델이 될 수 있다. 코칭에서 교사는 학습자가 배워야 할 것을 사전에 결정하지 않는다. 대신에 학생이 어떤 종류의 일에 가장 많은 관심을 쏟는지를 면밀히 조사해야 한다. 학생의 기질이 학생을 어느 쪽으로 이끄는지, 그리고 학생이 자연스레 참여하게 되는 것이 어떤 분야인지를 파악해야 한다.

잭 메지로는 이렇게 쓰고 있다.

"자기 주도가 강조됨에 따라 학생들이 서로에게서 배우고 또 서로가 문제해결 집단 안에서 배우도록 돕는 환경을 만드는 일이 강조되고 있다. 여기서 교사는 어떤 주제의 권위자보다는 촉진자의 역할을 맡는다."

코치는 학습자에게 반드시 전달되어야 할 정보 꾸러미가 있다고 가정하지 않는다. 코치는 필요할 때면 학생들을 안내하는 응원자다. 코치는 학습자의 현재 관심사에 비춰서 학습자에게 진정으로 유익하다고 판단될 때만 자신의 지식을 제공한다. 만약에 어떤 코치가 자신의 지식과 기술 수준을 학습자의 수준에 맞춰 조정할 수 있다면 반드시 플로우 채널에서 학습이 일어날 것이다.

교사와 학생의 관계가 불균형하고 권위적이라고 한다면 코치와 학습자의 관계는 동등하고 상호의존적이고 끊임없이 상호작용을 하는 관계다. 코치와 학습자의 관계에서는 코치가 코칭을 하는 과정을 통해서 사물들을 보는 새로운 방식을 배우게 된다. 비록 학습될 정보와 도구의 상당수가 경험이 더 많은 쪽인 코치에게서 나올지라도 그것이 곧 코치가 선택을 최종적으로 결정한다는 뜻은 아니다.

교사의 역할은 무엇인가

무엇인가를 배우기 위해서 학생은 자신이 직면하고 있는 그 내용에 참여해야 한다. 만약에 학생이 지금 눈앞의 주제에 진정으로 관심을 보이고 있다면 참여는 아주 쉽게 일어난다. 학생들이 학습에 참여하게 하는 또 하나의 방법은 학습 내용을 영감을 불러일으키고 재미있는 형식으로 전달하는 것이다. 교사는 참여와 영감의 중요한 촉진자로서의 역할도 할 수 있다.

나이가 어린 아이들을 가르칠 때 가장 큰 문제는 많은 아이들이 자신이 관심 있는 분야를 정확히 파악하지 못한다는 것이다. 일부 사람들은 운이 좋게도 어린 나이에 자신의 천직을 발견한다. 그럼에도 아주 많은 사람들이 가장 하고 싶어 하는 일을 한 번도 해보지 못하고 인생을 살아가고 있다.

물론 교사의 임무 중 하나는 학생들을 다양한 학습 주제에 노출시키는 것이다. 이런 활동은 여러 학교에서 상당히 활발하게 일어나고 있다. 노출의 질적 수준은 일부 비판을 부를 수도 있지만 말이다. 교사의 또 다른 임무 하나는 흥분과 영감을 불러일으키는 것이다. 아마 이것이 더 중요한 임무일 것이다.

여기서는 교사 자신의 직업에 대한 열정이 대단히 중요하다. 만약에 교사가 가르치는 주제에 관심이 없다면 그 교사는 학생들에게 어떠한 흥분도 전달하지 못할 것이다. 우리는 대부분 학창시절 우리를 진정으로 열광하게 만든 교사들을 기억하고 있다.

교사의 역할은 가르치는 것만이 아니다. 사실 나는 가르치는 것이 교사의 역할인지조차 모르겠다. 우리가 지금 학습에 대해 아는 지식을 바탕으로 한다면 교사의 역할은 첫째도 둘째도 아이들이 새로운 것을 배우고 영감을 얻을 수 있는 풍성한 환경을 제공하는 것이다.

영감과 열정은 당신 자신의 기질에서 생겨날 수도 있다. 지금 가장 운 좋은 사람은 어린 시절 이후로 자신이 즐기는 일을 잘 알고 있는 사람들이다.

영감과 열정이 열성적인 교사에게서 나올 수도 있다. 최고의 교사란 학생에게서 학생 자신이 이전에 몰랐거나 무시했던 어떤 주제에 대한 관심이나 열정까지 일깨워줄 수 있는 그런 교사다.

가르친다는 것은 결코 정보를 전달하는 것이 아니다. 가르친다는 것은 안내자가 되어 학습자와 함께 새로운 이해력과 기술을 키우는 것이다. 새로운 학습은 학습자의 참여 없이는 결코 일어날 수 없다. 그러므로 개인의 열정을 탐지해내고 참여를 용이하게 하는 것이 교사의 가장 중요한 임무다.

모바일 학습의 가능성

디지털 미디어 전문가 아페 포자비르타는 멕시코와 컬럼비아의 학생들에게 모바일 학습을 소개하는 프로젝트에 참여하고 있다. 얼마 전에 아페는 멕시코의 시범학교를 방문했다. 그를 본 아이들이 "토르의 친구"라고 외치면서 반가이 맞아주었다. 아페의 동료가 키가 큰 금발의 남자였는데, 이 사람이 아이들에게 인기 있는 만화책 주인공 토르를 상기시킨 것이다.

아페와 그의 동료는 이 아이들의 학습을 크게 바꿔놓았다.

멕시코 학생 170명을 대상으로 한 어느 프로젝트는 아이들에게 기본적인 기능의 휴대폰을 제공했다. 스마트폰은 아니었지만 5, 6년 전에 흔히 쓰이던 그런 휴대폰이었다. '벅스' 같은 기본적인 응용 프로그램과 인터넷에 접속할 수 있을 정도의 수준이었다.

이 휴대폰에는 모바일 인터넷 서비스가 설치되어 있었는데, 이것을 이용하면 학생들은 쉬는 시간에 수학을 공부할 수 있었다. 아이들은 버스를 타고 이동할 때도 책을 읽을 수 있었다. 마음만 먹으면 과제도 하고 테스트도 받아볼 수 있었다. 휴대폰 속에 담겨 있는 모바일 응용 프로그램이 학생들의 자율성을 크게 높여놓았다.

학생들의 수학 실력이 하늘을 찌를 듯 크게 올랐다. 무려 40퍼센트나 향상되는 결과를 낳았다. 게다가 '토르' 에피소드를 통해 잘 드러나듯이 아이들의 학습 태도가 근본적으로 달라졌다. 예전에 지겨운 일이었던 것이 지금은 휴대폰으로 할 수 있는 재미있는 오락이 되었다. 교실의 역학 자체가 변했다. 아이들은 짜증을 덜 냈으며 수업 시간에도 정신 집중을 더 잘 할 수 있게 되었다.

나 역시 모바일 학습의 효과를 경험한 적이 있다. 나는 지난여름 모스크바의 한 모임에서 강연을 했다. 그곳으로 떠나기 전에 나는 영어만으로는 관중에게 뜻을 제대로 전하지 못할 것이라는 사실을 깨달았다. 문제는 대학 다닐 때 잠시 러시아어를 배우긴 했지만 러시아어 알파벳조차 기억나지 않는다는 것이었다.

정보를 구하려 노력한 끝에 나는 버스 안이나 기차를 기다리는 시간이나 잠들기 전에 짬짬이 러시아어를 공부할 수 있는 적절한 앱을 발견했다.

결과는 놀라웠다. 단 3주에 걸친 느슨한 공부만으로도 내가 예전에 배웠던 러시아어를 거의 되살릴 수 있었다. 그 결과, 모스크바에 4일 머무는 동안에 언어는 전혀 문제가 되지 않았다. 거리의 간판을 모두 읽을 수 있었고, 카페와 술집, 기념품 가게와 호텔 등에서도 아무런 문제를 겪지 않았다. 단 3주일 동안의 공부로, 그것도 공부로 느껴지지 않을 정도로 재미있게 말이다.

그러나 만약에 단지 시험을 통과하기 위해 러시아어를 배워야 하는 상황이었다면 결과는 전혀 달랐을 것이다. 배움의 목적이 분명한 상황에서 공부는 한결 더 쉬웠고 재미있었다. 시간적 여유가 생길 때마다 언제든 그리고 어디서든 공부를 할 수 있었기 때문이다. 나의 능력 욕구와 자율성 욕구가 동시에 크게 충족되었다.

모바일 학습은 형식적 학습과 비형식적 학습의 엄격한 구분을 무의미하게 만든다. 학습이 일상생활의 일부가 될 때 학습 내용 중 많은 것이 비공식적 환경에서 학습자에게로 이관되며 따라서 동기부여가 강화되고 정보가 기억되는 기간도 길어진다. 효과적인 모바일 학습 솔루션을 개발하는 것이 형식적 학습과 비형식적 학습의 세계를 모두 최대한 활용하는 방법이 될 것이다.

모바일 학습은 또한 교육을 근본적으로 민주화할 수 있다. 고품질의 교육은 지금도 여전히 부유한 국가들에게만 허용되고 있다.

다행스럽게도 일각에서 "아이들에게 태블릿 하나씩!$^{One\ Tablet\ Per\ Child}$" 같은 운동이 전개되고 있다. 빈국의 아이들에게 태블릿을 제공하자는 프로그램이다. 아프리카와 아시아와 남미 아이들의 손에 태블릿을 쥐어줘서 인터넷과 연결시키고 모바일 학습 앱의 혜택을 누리도록 하면 우리는 글로벌 학습에서 기적적인 순간을 목격하게 될 것이다.

모바일 학습은 학습의 미래에 엄청난 가능성을 열어주고 있다. 누구든 뉴욕에서부터 뉴델리에 이르기까지, 어디서나 자신이 원하는 주제를 공부할 수 있다고 상상해보라. 실제로 지금도 이것이 가능하다. 최

> **모바일 학습 이용하기**
> 1. 모바일 앱스토어로 가서 아이가 흥미로워할 만한 주제를 찾아본다.
> 2. 앱스토어의 교육 섹션에서 새로운 학습 앱을 찾아본다.
> 3. 다양한 앱을 시도해보고 아이를 고무하고 참여하게 만드는 앱을 선택한다.
> 4. 몇 분이라도 짬이 날 때마다 학습 앱을 이용하게 한다.

고의 강의를 발견하거나 공부를 용이하게 도울 앱을 찾기 위해서는 정보를 꽤 깊이 검색해야 하긴 하지만 말이다. 그러나 가까운 미래에 더욱 보편화되기만 하면 모바일 학습은 틀림없이 학습에 혁명을 일으킬 것이다.

학습자의 참여를 유도하는 환경

　사고와 학습이 오직 머릿속에서만 일어나는 것은 아니다. 인지작용이 육체적 작용을 수반한다는 이론이 지금은 정설로 통하고 있다. 예를 들어, 신체의 호르몬 변화는 다른 사람들과 일상의 사건에 대한 태도를 바꿔놓는다.

　비가 내리는 궂은 날이라면 약간의 장애도 터무니없을 만큼 크게 느껴진다. 그러나 행복한 날이라면 웬만한 장애는 거의 눈치조차 채지 못한 가운데 지나치게 될 것이다.

육체화되고, 각인되고, 확장된 마음

　철학자 앤디 클라크Andy Clark와 데이비드 차머스David Chalmers가 제안한

'확장된 마음 가설Extended Mind Hypothesis'은 오늘날 마음의 철학 중 가장 뜨겁게 논의되고 있는 주제다. 그런 현상이 나타나고 있는 것은 결코 이상하지 않다. 인지작용을 증대시킬 디지털 도구들의 등장으로 인해 어디서 마음이 끝나고 세상의 나머지가 시작되는가 하는 문제가 점점 더 불분명한 질문이 되고 있다.

앤드 클라크의 『슈퍼사이즈의 마음 Supersizing the Mind』 서문에서 차머는 이렇게 쓰고 있다.

"한 달 전에 나는 아이폰을 샀다. 이 아이폰은 이미 나의 뇌가 하던 핵심적인 기능 일부를 넘겨받았다. 나의 기억 일부를 대체했고, 한때 나의 뇌를 혹사시키기도 했던 전화번호와 주소를 저장하고 있다. 아이폰은 나의 욕망까지도 담고 있다. 나는 식당에 가서 음식을 주문할 때 좋아하는 음식의 정확한 이름이 생각나지 않으면 아이폰에 의존한다. 나는 또한 아이폰으로 계산을 하기도 한다. 식당에서 식대와 팁을 계산할 때 아이폰이 아주 요긴하다. 구글이 논쟁의 해결사 역할을 맡기 때문에 아이폰은 논쟁에서도 중요한 무기가 된다. 나는 아이폰의 캘린더를 이용하여 계획을 짜면서 다음 달에 내가 할 수 있는 일과 할 수 없는 일을 결정한다. 나는 집중력이 떨어지기라도 하면 단어들과 이미지들을 불러내면서 아이폰으로 온갖 백일몽을 꾸기도 한다."

만약에 내가 스마트폰으로 어떤 대답을 얻는다면 그럴 경우에도 나는 그 대답에 관한 지식을 알고 있는 것일까? 말하자면 당신이 어떤 정보의 일부를 기억했는데 그것이 평소에 자주 그렇듯 필요할 때 즉시 머리에 떠오르지 않는다. 그럴 때도 당신은 그 정보를 알고 있는 것인가? 클라크와 차머스는 만약에 일부 정보가 기능적으로 우리가 생물학적으로 기억하고 있는 것과 똑같다면 그 정보도 우리의 지식의 일부로 고려되어야 한다고 주장한다. 달리 표현하면 당신의 주머니에 구글을 넣고 다닌다면 당신은 인터넷이 알고 있는 모든 것을 안다는 말이다.

아직 이 같은 주장에 대한 철학적 판단이 최종적으로 내려지지 않고 있지만, 그것은 적어도 두 가지 면에서 학습에 흥미로운 관점을 제공한다. 첫 번째 의문은 이것이다. 만약에 인터넷이나 개인의 데이터베이스에 담긴 정보가 정말로 생물학적 지식이나 마찬가지라면 도대체 우리는 어떤 종류의 정보를 기억하려고 노력해야 하는 것인가?

두 번째 질문은 이렇다. 뇌와 신체를 환경과 연결시키는 메커니즘은 무엇이며 마음이 확장되기 시작하는 곳은 어디인가? 만약에 환경이 적어도 기능적으로 마음의 한 부분이라면 우리의 사고가 이루어지는 바로 그 공간이 사고의 종류에 지대한 영향을 미칠 것이다.

마음의 기능은 뇌에만 국한되지 않는다. 또한 육체적 기능과 환경은 사고와 탐구와 학습에 의미 있는 역할을 한다. 얼굴을 직접 대면하면서 피드백을 전달하는 메커니즘이 최근에 집중 연구되었다. 사람은 행복하기 때문에 웃는가 아니면 웃기 때문에 행복한가? 연구에 따르면 두 가지 모두 진실이다. 얼굴 표정은 종종 호르몬의 변화와 감정적 반응으로 나타난다. 그러나 보다 행복한 표정을 지어보일 때도 마찬가지로 호르몬의 균형이 이루어지고 감정이 변화한다. 보디랭귀지를 연구한 논문에서도 이와 비슷한 결과가 발견되었다.

그러나 육체만이 새로운 종류의 사고의 원천은 아니다. 환경도 생각에 엄청나게 많은 영향을 미친다.

> **기억의 저장소 확장하기**
> 1. 'Extended Mind'와 'Evernote' 혹은 'Onenote' 같은 클라우드 기반의 데이터베이스 앱을 다운로드 받는다.
> 2. 순간순간 머리에 떠오르는 아이디어들을 기록하고, 흥미로운 기사와 훗날 도움이 될 만한 것들을 저장한다.
> 3. 모은 자료들을 노트북이나 태그를 이용하여 분류한다.
> 4. 스마트폰에도 앱을 설치한다. 그러면 언제든 확장된 기억에 쉽게 접근할 수 있을 것이다.

위스콘신 대학교 매디슨의 심리학 교수인 레너드 버코위츠[Leonard Berkowitz]가 실시한 전기충격 실험에서, 전기충격을 가하게 되어 있던 실험 참가자들이 권총과 자동소총으로 장식된 방에서 실험에 응할 때 평범한 방에서 실험에 응할 때보다 의미 있을 정도로 큰 전기충격을 가한다는 것이 확인되었다. '감각 박탈 실험들'에서도 사람들이 15분 이내에 자신의 감각이 흐릿해지며 환각을 시작하는 것이 확인되었다. 정상적인 환경을 제거하는 조치는 사고를 불가능하게 하지는 않지만 어렵게 만들 수는 있다.

사고의 많은 양이 뇌의 활동에 의존하고 있음에도 불구하고 뇌 안에서 일어나는 작용은 우리가 일하고 있는 그 환경에 크게 좌우된다. 만약에 환경이 평범하고 지루하다면 우리가 이런저런 방식으로 환경 안에 들어가게 될 때 그 환경이 우리 마음에 아무런 영향력을 행사하지 못할 것이다. 그러나 만약에 우리가 오랜 시간 그 환경 안에 머물러야 한다면 우리는 더욱 깊은 권태를 경험하기 시작한다.

그렇지 않고 만약에 환경이 화려하고 영감을 고무한다면, 더 나아가 우리가 그 안에서 자유롭게 이동할 수 있다면 그 환경 안에서 플로우 채널 안에 머물 수 있는 길을 발견하기가 훨씬 더 쉬워질 것이다.

고무적인 환경은 우리를 보다 기민하게 움직이도록 만들 것이고 보다 효율적으로 학습하도록 할 것이다. 컴퓨터 게임의 생생한 비주얼과 사운드가 우리의 보상체계를 자극하는 것과 똑같다. 실제로, 아주 최근의 연구는 학습 환경이 학생의 수행력에 의미 있는 영향력을 발휘하는 것으로 결론을 내렸다.

마지막으로, 다양한 종류의 사고방식과 학습방식이 다양한 종류의 환경에서 이점을 누릴 수 있다는 점이 강조되어야 한다. 창의적인 사고와 새로운 아이디어를 형성하는 데는 화려하고 복잡한 환경이 가장 효과적이다. 또한 기본적인 기술을 배울 때도 학생들이 자유롭게 움직일 수 있도록 격려해야 한다. 이는 몸의 움직임을 통해서 배우는 유형의 아이들에게 특히 더 중요하다.

이와 대조적으로, 일기나 에세이 쓰기 같은 깊은 집중을 요구하는 과제의 경우에는 소박하고 조용한 방이 최고다. 현재의 교실은 이런 종류의 활동에 잘 어울린다. 그러나 새로운 길을 탐험하거나 새로운 아이디어를 떠올리거나 심지어 강의를 듣는 일에도 적절하지 않을 만큼 현재의 교실은 시대에 크게 뒤떨어져 있다.

영감을 불어넣는 교실

21세기의 연구에 비춰보면 세상의 거의 모든 교실이 책상이 대칭으로 쭉 정렬된 흰색 벽의 사각형 공간이라는 사실은 터무니없기 짝이 없다. 이런 단순화된 환경은 읽기와 쓰기 같은 혼자만의 작업에 적당한 것이다. 집단으로 강의를 듣고 아이디어를 떠올리고 새로운 탐구를 하는 데는 그런 공간이 적절하지 않다.

라이언과 데시가 강조하듯이 "학교에서 자기 주도 학습을 용이하게 하려면 교실이 인간의 세 가지 기본적인 욕구를 충족시킬 조건을 갖춰야 한다. 학생이 새로운 아이디어에 노출되고 새로운 기술을 연습할 때 자신이 다른 사람들과 연결되어 있고, 효과적이며, 행위의 주인이라는 느낌을 지지해주는 분위기가 교실에 살아 있어야 한다는 뜻이다".

학습에 최적인 환경은 사실 다양한 종류의 공간을 포함해야 한다. 그 공간에서 학습자는 배워야 할 것에 따라서 자유롭게 움직일 수 있어야 한다.

마자나 캉가스$^{Marjaana\ Kangas}$ 박사는 재미있는 학습 환경에 관한 논문에서 다음과 같이 말했다.

"놀이와 게임 내용과 그림 같은 인공물을 설계함으로써 아이들은 자신의 이해력을 창조하고 또 창조하며 자신의 학습 활동에 참여할 의미 있는 길을 발견한다."

학습에 관한 새로운 관점이 스웨덴 스톡홀름에 있는 선구적인 텔레폰플란 학교에 도입되었다. 완전히 새로운 철학 위에 세워진 이 학교의 환경은 학생들을 고무하고 참여를 유도한다. 이 학교는 협동 구역, 집 안의 집, 창의성 촉진 등 구체적 목적을 가진 구역으로 구성되어 있다.

헬싱키 월드 디자인 캐피털 프로젝트의 일환으로 새로운 종류의 학습 환경인 ELE가 헬싱키 대학에 2012년 가을에 도입되었다. 이 환경에서 학생들은 모두 아이패드를 이용해 정보와 메시지를 화이트보드에 띄울 수 있다. 이런 식으로 학생들은 강의와 학급에 참여하면서 자율성을 강하게 촉진받고 강사나 다른 학생들과 상호교류를 쉽게 할 수 있다. 이 학습 환경, 즉 키르스티 론카와 엘리나 켄토넨이 공식화한 이름인 '지식 구축환경$^{knowledge\ building\ environment}$'의 목적은 집단 교육에서조차도 협동적인 지식 구축을 가능하게 하고 학생들이 지식 구축 활동을 보다 쉽게 만드는 것이다.

이와 비슷한 접근법은 또한 핀란드 에스푸에 있는 메트로폴리아 응용과학 대학의 러닝웍스^{Learningworks} 학습 공간에도 채택되었다. 러닝웍스는 협력을 강조하고 권위적인 형식의 가르침과 강의를 타파하기 위해 다양한 디지털 도구와 상호 교류를 활성화하는 방법을 동원하고 있다.

영감을 고무하는 환경을 설계하는 데 벤치마크가 된 것은 몬테소리 방식이었다. 몬테소리 방식은 아이들에겐 스스로 탐험하고 실험할 수 있는 풍성한 환경이 필요하다는 아이디어에 근거하고 있다.

"방은 깨끗하고 밝아야 한다. 꽃으로 장식하고 창문은 낮고 작아야 한다. 멋지게 광택을 낸 가정집의 가구처럼 다양한 형태의 작은 가구들이 가지런히 놓여 있어야 한다. 또 작은 테이블과 작은 안락의자, 예쁜 커튼이 있고 아이들의 손이 닿을 수 있는 나지막한 선반이 있어서 아이들이 마음대로 물건을 넣고 끄집어낼 수 있어야 한다."

앞에서 언급했듯 몬테소리 방식의 교육에서 교사는 기존의 정보를 아이들의 머리로 전달하지 않는다. 대신에 아이들이 추구하고자 하는 것을 제대로 찾아 나서도록 이끌며 혹시 길을 벗어나지나 않는지 지켜본다. 풍요로운 환경은 교사의 안내와 맞물려 작용하면서 학생들이 가장 적극적으로 참여할 수 있는 방향을 찾도록 도와줄 수 있다.

정리를 한다면, 영감을 고무하는 학습 환경은 학습자들이 자유롭게 탐험하고 또 각자의 에너지 수준에 따라서 환경을 조정할 수 있도록 허용해야 한다. 그런 학습 환경은 화려하고 소란스런 공간을 반드시 포함하고 있어야 한다. 학생들 사이에 우연한 조우가 이루어지도록 하는 곳이다. 또 학생들이 정신을 집중할 공간도 있어야 하고 동시에 마음대로 움직일 수 있는 지역도 있어야 한다. 그런 공간이 갖춰진 상태에서 학생들에게 필요에 따라 각 공간을 누릴 기회가 주어져야 한다.

만약에 우리가 아이들의 창의성을 북돋아주길 원한다면 그렇게 하는 최선의 방법은 아이들이 다양한 것들을 탐험하고 시도해 볼 수 있는 창의성의 공간을 마련하는 것이다. 칙센트미하이가 창의성에 관한 논문에서 말했듯이 "사람들이 보다 창의적으로 생각하도록 만드는 것보다 환경을 바꿈으로써 창의성을 고무하는 것이 더 쉽다".

역(逆)진행 수업

학교에서 학습을 준비하는 활동은 전통적으로 교실에서 일어난다. 포맷은 여전히 강의 형식이다. 교사가 학생들 앞에 서서 사실들을 제시한다. 교수법으로서 단조로운 강의가 비효율적임에도 불구하고 이 전통은 뿌리가 아주 깊다. 그런데 이 방법은 몇 가지 문제를 안고 있다.

연구보고서들이 보여주듯 고전적 강의 포맷에서 학생들은 학습 내용의 겨우 5퍼센트만을 기억한다. 강의가 학습할 내용을 노출시키는 기능을 하고 또 학습에 필요한 일이긴 하지만 학생들의 참여가 없을 경우에 학생들은 강의 내용 중 많은 것을 기억하지 못한다.

둘째, 강의 포맷은 학급 규모가 끊임없이 커지고 있는 지금과 같은 상황에서 큰 문제가 될 수 있다. 가장 심각한 문제는 교사가 '학급의 평균', 즉 과반수의 학생을 표적으로 삼아야 한다는 점이다. 이 방법이라면 실력이 떨어지는 아이들은 강의가 진행될수록 더 떨어질 것이고 실력이 뛰어난 아이들은 점점 더 지루해할 것이다. 결국 플로우 채널에 계속 남을 수 있는 학생은 극소수에 지나지 않고, 대부분의 학생들은 권태나 불안을 느끼거나 스트레스를 받게 될 것이다.

최근에 이 문제를 극복하려는 시범 프로젝트가 소개되었다. 가장 유망한 방법이 바로 '역진행 수업$^{flipped\ classroom}$'이다.

얼마 전에 어떤 미국 학교의 5학년 특수학급 교사가 학생들을 가르치기 위해 혁명적인 '칸 아카데미' 웹 서비스를 이용했다. 웹사이트의 설립자이며 '역진행 수업'의 선구자인 살만 칸$^{Salman\ Khan}$이 교사들에게 이 기법을 활용할 도구들을 공급한 것이다. 결과는 놀라웠다.

전통적인 가르침의 관점에서 본다면 역진행 수업은 말도 안 되는 것처럼 보인다. 이 환경에서 학생들은 학습 내용을 집에서 시간 날 때마다 공부한다. 5학년 아이들은 칸 아카데미가 제작한 고무적인 내용의 비디오를 보았다. 이런 식으로 학생들은 자신의 학습 진도를 각자의 수준에 맞췄으며 비디오도 각자 관심에 따라 다른 것을 보았다.

학생들은 학교에 오면 '홈워크'를 시작한다. 아니, '스쿨워크'를 시작한다고 해도 무방하겠다. 달리 표현하면, 학생들은 다양한 과제를 하거나 시험지를 푼다. 그 사이에 교사는 그 시스템 안에 있는 소통 공간을 이용해 학생들의 진척상황을 체크한다. 가장 놀라웠던 것은 교사가 앞으로 나아가고 있는 학생과 그렇지 못한 학생을 확인할 수 있고, 따라서 교사가 도움을 가장 많이 필요로 하는 학생에게 관심을 쏟을 수 있었다는 점이다. 말하자면 피그말리온 효과를 거꾸로 돌려놓는 노력을 펼칠 수 있었던 것이다.

그러나 칸의 '역진행 수업'의 진정한 특징은 교사가 매우 탁월한 학생들과 교과과정을 따라잡느라 힘들어 하는 학생들을 서로 짝을 지워줄 수 있다는 점이다. 아마 자신이 배운 것을 가르치는 것만큼 효과적인 학습 수단은 없을 것이다. 그리고 교사가 학급 안에 있는 가르침의 자원을 활용할 수 있게 되기 때문에 교사는 동시에 아이들의 학습 경험을 더욱 증대시킬 수 있을 것이다.

'역진행 수업'은 그 전에 수학 공부를 무척 힘들어 했던 5학년 아이들의 학습 결과를 극적일 만큼 크게 향상시켰다. '역진행 수업'을 채택한 뒤 6개월 동안에 학생들은 자그마치 300퍼센트의 성적 향상을 이뤘다.

감동을 안겨준 TED 강연에서 살만 칸은 다른 시험 학교들에서 발견한 내용 일부를 제시했다. 이 프로그램을 도입한 한 달 뒤에 학생들을 대상으로 시험을 실시했고 결과는 예상 가능했다. 학생들의 성적 분포는 가우스 곡선을 그렸다. 대부분의 학생들이 중간 정도였고 일부는 탁월했고 또 일부는 문제가 있었다.

그러나 자기 주도 학습을 1개월 더 한 뒤에 똑같은 시험을 치렀을 때 도저히 믿을 수 없는 결과가 나왔다. 모든 학생이 두드러진 진전을 보였으며 거의 전체 학급이 가우스 곡선의 윗부분에 해당되었다. 더욱이 그전에 C 학점을 받았던 학생들 중 일부는 1개월 전에 A 학점을 받았던 학생들보다 성적이 더 나았다.

이 결과들이 믿기지 않을 수도 있지만 우리가 몰입과 신경과학 분야의 연구를 바탕으로 학습에 대해 알게 된 사실들에 비춰보면 충분히 예측 가능한 것들이었다. 학생들이 학습에 참여할 때 그리고 학습자들이 자신의 시간과 수준에 맞춰서 학습의 내용을 스스로 조직할 때 비로소 거기서 학습이 이루어지게 된다.

커리큘럼의 미래에 대하여

셜록 홈즈가 등장하는 첫 번째 소설 『주홍색 연구 A Study in Scarlet』에서 왓슨 박사는 홈즈의 천재성에 감탄한다. 그러나 그는 홈즈의 무지엔 그보다 더 심하게 놀란다.

> 그의 무지는 그의 지식만큼이나 두드러졌다. 문학과 철학, 정치에 대해서는 아는 것이 하나도 없는 것 같았다. …… 그러나 나의 놀람이 극에 달한 것은 어쩌다 그가 코페르니쿠스의 이론에 대해서도 모르고 태양계의 구성에 대해서도 모른다는 사실을 알게 되었을 때였다. 19세기를 사는 개화된 인간이 지구가 태양을 돈다는 것을 모른다는 것이 나에게는 너무나 특별한 사실로 다가왔기 때문에 현실감이 느껴지지 않았다.
> 그는 놀라는 나의 표정에 미소를 지으며 "많이 놀라는 것 같군"

이라고 말했다. "이제 내가 그걸 알게 되었으니 나는 그걸 망각하려 온갖 노력을 다 할 거요." …… "하지만 태양계를!"이라고 내가 항의했다. "도대체 그게 내게 무슨 의미가 있어?"라고 그가 급히 말을 잘랐다. "우리가 태양을 돈다고 당신이 그랬어. 설령 우리가 달을 돈다 하더라도 그건 나나 나의 일에 아무런 차이가 없을 거야."

셜록 홈즈는 우리 문화가 놓치고 있는 무엇인가를 깨달았던 것 같다. 아무도 모든 것에 관해 모든 것을 알지 못하며 모든 것을 알려고 노력해서도 안 된다는 것을 말이다. 우리의 무지는 우리의 지식만큼이나 소중한 자산이다.

단편 〈5개의 오렌지 씨앗 Five Orange Pips〉에서 홈즈는 "사람은 자신이 사용할 가구를 자그마한 뇌 다락에 넣고 나머지는 서재의 창고에 넣어두었다가 필요할 때 끄집어내 쓸 수 있어야 한다"고 말한다. 우리 모두가 24시간 내내 어디서나 너무나 훌륭한 도서관인 인터넷에 접속할 수 있게 된 지금, 홈즈의 말이 더 와 닿는다.

앞에서 얘기한 것처럼, 학습 목표가 외부로부터 정해져 학생에게 강요되는 것은 아주 좋지 않다. 만약에 학생들이 우선 자신이 배우고 있는 것들을 왜 배우는지 그 이유를 파악하지 못하고 있다면 그들을 학습에 참여하도록 만들기가 아주 힘들어진다. 미래의 학교 커리큘럼은 학급의 평균에 맞춰 가르치지 않고 학생의 개인적 강점에 초점을 맞추기 위해 노력해야 한다.

물론 읽기와 쓰기와 기본적인 산수 같이 수시로 배우는 것이 매우 중요한 근본적인 기술도 일부 있다. 그러나 이 외에 지리학과 고등수학, 생물학, 철학이나 문학 같은 주제에 대해서는 학습자들의 선택권을 더욱 강화해야 한다. 학습자들이 다양한 탐구의 길과 다양한 주제들을 풍성하게 탐험할 길을 누릴 수 있어야 하는 것이다. 실제로 보면 어느 누구도 자신들이 실제로 해보기 전까지는 어떤 주제에 어느 정도 몰두하게 될지 알 수 없다.

학습의 세계를 탐험하라

켄 로빈슨이 강조하듯 "학교 시스템들은 특히 단어와 숫자를 이용한 비판적 분석과 추론에 몰두하는 경향을 보인다. 그런 기술도 중요하지만 인간의 지능에는 그것보다 훨씬 더 중요한 것이 있다". 인간의 지능은 숫자를 갖고 하는 것보다 훨씬 더 다양하다. 하버드 대학의 심리학 교수인 하워드 가드너[Howard Gardner]가 발견했듯 인간의 지능은 분석적인 것에서부터 음악적인 것에 이르기까지, 그리고 활동적인 것에서부터 사회적인 것에 이르기까지 다양하다.

데시와 밸러랜드[Robert J. Vallerand], 펠러티에[Luc G. Pelletier]와 라이언은 다음과 같이 지적한다.

"이상적인 학교 시스템은 학생들의 내면에 학습과 성취를 향한 순수한 열정과 교육 활동에 자발적 참여의 감각을 촉진시킨다."

대부분의 학교 커리큘럼이 학생들이 배워야 할 과목들을 일방적으로 제시하고 있지만 나는 그 과목 대부분을 아이들이 학교에 입학하는 날부터 선택사항으로 만들어야 한다고 제안한다.

의무적인 과목들은 읽기와 쓰기와 기본적인 산수 선에서 그쳐야 한다. 그리고 이 과목들까지도 글자와 단어들과 구구단을 기계적으로 배우는 형태가 아니라 다른 주제들과의 연결 속에서 공부해야 효과적으로 학습될 수 있다.

생물학이나 지리학, 역사, 외국어 등이 완전히 아이들의 뜻에만 맡겨져야 한다는 말은 아니다. 오히려 아이들에게 영감을 불러일으키는 형태로 그 과목들을 제시하고 또 자신들이 가장 좋아하는 과목에 관심을 집중하도록 도와줌으로써 아이들이 광범위한 과목을 배울 기회를 갖게 하는 것이 바람직할 것이다.

추상적인 과목 외에 육체적 운동이나 예술과 음악 같은 과목들도 학생들이 다양한 형태의 운동이나 예술을 시도하고 자신에게 가장 적절한 것을 찾아내도록 도움으로써 가장 효율적으로 제시되어야 한다.

어느 핀란드 교사는 학생 각자에게 학기 동안에 자신의 체육 수업을 직접 설계하도록 함으로써 여학생들이 수업에 적극적으로 참여하도록 한다는 자신의 사례를 들려주었다.

어느 수업 시간은 줄넘기 위주로 진행되고 또 어느 수업 시간은 체조 위주로 진행된다. 또 다른 수업 시간은 피구 게임으로 이루어진다. 그 결과 각 체육 수업은 서로 완전히 달랐으며 그럼으로써 학생들의 참여를 끌어냈다.

아이들은 자신의 수업 설계에 영향을 미칠 수 있기 때문에 자율성을 강하게 느꼈으며 따라서 그 느낌이 내재적 동기를 강화했다. 그리고 모두가 교사의 역할까지 맡게 되었기 때문에 아이들은 교사의 시범을 수동적으로 따르던 때에 비해 훨씬 더 잘 배웠다.

미술과 음악이 대부분의 학교 교육과정에 포함되어 있지만 실기보다 기계적인 학습에 초점이 맞춰져 있는 경우가 많다. 어쨌든 예술적 재능은 모든 사람에게 다 필요한 것은 아니며 모든 사람이 다 그림을 그리거나 노래를 부르는 방법을 배울 필요는 없다. 그러나 아이들이 흥미로운 주제를 새로 발견할 수도 있다는 희망에서 예술을 탐험하도록 하는 것은 멋진 일이다.

읽기와 쓰기와 기본적인 산수

기본적인 읽기와 쓰기와 산수를 가르치는 데 반대할 사람은 없을 것이다. 현재의 학교 커리큘럼의 상당 부분이 학교를 졸업한 뒤에 많은 사람들에게 꽤 쓸모없는 것으로 드러나고 있다 하더라도 이들 기본적인 기술은 일상의 단순한 일들을 처리하는 데 중요한 기능을 한다.

현대의 학교는 이미 이런 기술을 가르치는 임무를 아주 탁월하게 수행해내고 있다. 그처럼 좋은 결과를 얻는 이유는 아마 그 기술들이 전체 커리큘럼을 통해서 메타기술(다른 기술들을 얻는 데 도움이 되는 기술)의 역할을 하기 때문일 것이다.

읽고 쓰기를 하지 못한다면 학교 교육은 실질적으로 불가능하다. 더하기와 **빼기** 같은 기본적인 산수도 마찬가지다.

이런 것에도 물론 향상의 여지가 있다. 많은 아이들이 게임을 즐기거나 아이패드를 이용하거나 책을 읽거나 펜과 종이를 갖고 낙서를 하거나 글자 자석을 갖고 놀면서 읽기와 쓰기를 배운다. 기계적으로 알파벳부터 배우는 것은 자칫 아이들을 지루하게 만들기 쉽고 만약에 아이가 이미 쓰기와 읽기의 기본을 배운 상태라면 정말 지긋지긋한 시간이 될 것이다.

이 같은 기본적인 기술에서도 최선의 결과를 끌어내기 위해 학교와 교사들은 앞에 제시한 기법들을 동원할 수 있다. 말하자면 장난감과 게임, 컴퓨터 게임을 이용하여 학습을 용이하게 함으로써 자기 주도 학습을 강화하고, 영감을 고취시키는 환경을 조성하고, 다양한 감각에 초점을 맞춘 학습 보조 기구들을 이용할 수 있다.

학습 메타기술

읽기와 쓰기와 산수만이 막강한 학습 메타기술인 것은 아니다.

학구적인 가족들이 학구적인 자질을 낳는 것은 유전인자나 환경적인 영향 때문이 아니다. 간단히 말해서 학구적인 부모들이 대체로 아이들에게 정보에 접근하는 방법과 그것을 이용하는 방법을 더 잘 가르쳐주기 때문이다.

오늘날 이 같은 사실은 그 어느 때보다 더 중요하다. 왜냐하면 우리가 이용하는 정보의 상당 부분이 구글이나 울프람 알파$^{Wolfram\ Alpha}$나 다른 서비스를 통해 즉각 접근 가능하기 때문이다. 구글을 검색하는 방법을 배우는 것이 나폴레옹이 웰링턴 경과 싸운 연도를 배우는 것보다 훨씬 더 중요하다.

사소한 항목들을 많이 외우는 것보다 필요한 때 새로운 정보를 발견할 수 있는 능력이 우리가 살고 있는 정보 과잉의 세계를 헤쳐 나가는 데 결정적으로 중요하다.

기본적인 읽기 외에 읽을 자료에 접근하는 다양한 방법을 가르쳐야 한다. 속독과 훑어 읽기 기술은 학생들이 핵심적인 내용에 초점을 맞추게 할 뿐만 아니라 많은 양의 정보를 짧은 시간 안에 소화시킬 수 있도록 도움을 줄 것이다.

어떤 형태의 곤충에 대한 보고서를 쓰면서 모든 곤충에 관한 책을 읽는 것은 그다지 도움이 되지 않을 것이다. 그러나 자료들을 대충 훑으면서 속독을 할 경우에는 어느 자료가 더욱 깊이 들여다볼 가치가 있는 것인지를 재빨리 발견하게 될 것이다.

마지막으로, 새로운 정보를 발견하는 기술만큼이나 중요한 것은 신뢰할 만한 정보를 확인하는 능력이다. 이를 위해서 비판적인 읽기 기술과 평가 기법이 정보에 접근하는 기술에 담겨야 한다. 예를 들어 학생들을 신뢰할 만한 정보 출처를 다양하게 접할 수 있는 주제에 노출시킬 수도 있고 정보 출처의 신뢰성을 확인하는 방법을 배울 기회도 제공해야 한다.

창의적인 기술들

나는 한때 창의적인 사고에 관한 포괄적인 강의를 만들었다. 창의성에 관한 과학적 연구 외에 나는 창의적인 천재들의 전기를 섭렵했다. 모든 천재들에게 다 있지는 않더라도 대부분의 천재들에게 공통적으로 존재하는 도구와 기술을 찾기 위해서였다.

화가 피카소나 발명가 에디슨, 물리학자 아인슈타인, 작가 헤밍웨이 또는 다방면의 천재 다빈치 등이 즐겨 사용한 도구들 중 많은 것이 아주 비슷하다는 사실을 발견한 것은 놀라운 일이었다. 창의적으로 일하는 거의 모든 사람들에게 전형적으로 나타나는 기술들이 꽤 있다. 창의성은 코미디언 존 클리스의 말처럼 "일을 처리하는 한 방법"이다. 이 방법들도 다른 기술과 마찬가지로 학습될 수 있다.

창의적인 활동에 결정적인 기술 중 하나는 메모를 남기는 것이다. 레오나르도 다빈치에서 에디슨까지, 헤밍웨이에서 피카소까지, 거의 모든 위대한 천재들은 병적이라 할 만큼 메모하는 일에 열심이었다.

메모를 한다는 것이 칠판에 적힌 모든 것을 그대로 베낀다는 것을 의미하지 않는다. 그보다는 수첩이나 노트북을 갖고 다니면서 영감을 고무하는 아이디어가 떠오를 때마다 그것을 적는다는 것을 의미한다. 유명한 작곡가 엑토르 베를리오즈$^{\text{Hector Berlioz}}$는 "모든 작곡가는 글을 쓸 시간이 없어서 아이디어를 잊어버리는 탓에 느끼는 절망과 고민에 빠지곤 한다"고 했다.

에드워드 드 보노$^{\text{Edward de Bono}}$가 만든 용어인 '수평적 사고' 또한 창의적 사고를 자극하는 위대한 방법이다. 수평적 사고는 사물을 새로운 각도로 생각할 줄 아는 능력을 의미한다. 말하자면 생각의 틀을 깰 줄 안다는 뜻이다. 드 보노는 창의적 사고를 향상시키고 촉진하는 전략들을 많이 모았다. 세계의 사람들에게 성공적으로 활용되고 있는 전략들을 보면 기존의 사고방식에 도전하고 또 사고를 뒤흔들어놓기 위해 확률변수를 이용하는 등 다양한 기법이 동원되고 있다. 수평적 사고 기술을 배움으로써 학습자들은 문제해결 능력을 크게 높이는 방법을 배울 수 있을 것이다.

이미 잘 알고 있는 것처럼 놀고 빈둥거리면서 아이디어를 이리저리 굴리는 것은 틀림없이 창의성으로 연결된다. 창의적으로 생각하기 위해서 당신은 안전하고 응원하는 긍정적인 환경에서 활동할 수 있어야 한다. 심리학자 바바라 프레드릭슨이 말하듯 "마음을 확장시키는 긍정의 힘이 낳는 실용적 결과가 바로 창의성의 고무다". 만약에 당신의 생각이 받아들여질 것인지를 놓고 늘 노심초사하며 지낸다면 당신이 생각의 틀을 깨기를 기대하기는 어려울 것이다. 그러나 만약에 당신이 차분히 아이디어를 시험해보거나 생각에 빠져 돌아다니거나 놀 수 있다면 창의적

> **수평적 사고로 창의성 높이기**
> 1. 지금 해결해야 할 문제를 다른 각도에서 생각하기 위해 확률변수를 이용한다.
> 2. 불가능해 보이는 해결책들을 탐구함으로써 잠자고 있는 사고를 일깨운다.
> 3. 평소 갖고 있던 가장 근본적인 가정을 부인해본다.
> 4. 퍼즐을 풀고 유머를 읽음으로써 수평적 사고를 연습한다.

인 사고가 일어날 여지가 충분하다.

마지막으로, 창의적으로 사고하는 데 가장 중요한 기술 하나는 시간을 내서 휴식을 취하는 것이다.

아인슈타인은 자신이 가진 최고의 문제해결 도구는 낮잠을 자는 것이라고 생각했다. 잠을 자는 동안에 종종 비의식적, 즉 시스템 1이 그 문제를 잡고서 해결해낸다. 클리스가 지적한 것처럼, 창의성은 시간을 필요로 한다. 학습자가 매일 끙끙거리도록 만드는 것은 남아 있는 창의성마저 질식시키는 것이다.

논증과 수사, 논리

중세의 학교는 논리와 수사학, 문법에 바탕을 두었다. 우리도 마찬가지로 새로운 커리큘럼에 이 같은 고대의 지혜를 일부 채택해야 한다. 생각을 잘 다듬어 전달할 수 있는 능력은 사람들과의 의사소통에 좋을 뿐만 아니라 갈등을 피하는 방법이기도 하다.

문학의 풍성함은 논증이론뿐만 아니라 수사의 기술에도 존재한다. 아리스토텔레스의 『수사학』에서부터 카임 페렐만[Chaïm Perelman]과 올브레히트 티테카[Olbrechts-Tyteca]의 『신(新)수사학』에 이르기까지, 우리의 생각을 명확히 밝히는 방법과 그것을 명료하게 전달하는 방법에 관한 우리의 이해를 깊게 하는 길도 여러 가지다.

정치인들과 미디어가 자주 이용하는 수사적 장치를 이해함으로써 학습자는 자신에게 전달되는 메시지를 보다 잘 해석할 수 있고 출처의 신뢰성을 평가할 수 있다.

논리는 수학과 이성적 사고의 바탕을 형성한다. 이를 위해 적어도 명제 논리학의 기본 같은 기초 논리학을 배워 놓으면 학습자에게 매우 유익할 것이다. 논리적 추론의 기본 원칙들을 이해하면 논리적 추론에 의존하는 다양한 주제들을 이해하는 데 도움이 될 것이다. 수학과 물리학, 화학, 그리고 이들 기본 과학에서 나온 주제들이 여기에 해당된다.

윤리학의 가치

나는 읽기와 쓰기와 산수 외에는 학생들이 관심을 갖는 분야가 아니면 배우라고 강요해서는 안 된다고 믿는 쪽이지만, 윤리학만은 예외적이다. 무엇이 옳고 무엇이 그른가를 둘러싼 논쟁이 여전히 2,000년 전만큼이나 뜨거운 가운데 이 논쟁에 접근하고 이해하는 데 필요한 기본 개념들을 배워놓으면 큰 도움이 될 것이다.

좋고 나쁜 행동으로 이루어진 윤리에 관한 이론과 관점이 다양하다는 것을 이해함으로써 사람들은 자신과 다르게 생각하는 사람들을 덜 독단적으로 대하는 방법을 배울 것이다. 또 윤리에 관한 다양한 주장들의 차이를 배움으로써 학생들은 하루를 마무리하는 시점에 스스로를 더 잘 돌아볼 수 있게 될 것이다.

우리는 아이들이 훌륭한 삶을 누리길 원한다. 하지만 선한 삶이란 무엇인가? 해답은 바로 거기에 있다. 윤리학의 기본적인 개념은 아이들 스스로 훌륭한 삶을 그리도록 도움을 줄 것이다.

실패를 배우다

토머스 에디슨과 실패에 관한 유명한 일화가 있다. '전구를 발명하는 동안에 수천 번 실패했을 때 그 느낌이 어떠했는가'라는 질문을 받자 에디슨은 깜짝 놀라는 표정을 지었다. "실패라고?" 그가 대꾸했다.

"나는 단 한 번도 실패하지 않았다. 반대로 나는 불에 타지 않는 전구를 만드는 데 나쁜 방법 1만 가지를 완벽하게 제거하는 데 성공했을 뿐이다."

에디슨은 긍정적인 마음가짐을 갖고 있었으며 그런 태도를 바탕으로 혁신적인 아이디어들을 구상해냈다. 그의 작업 스타일은 몇 가지 원형을 창조한 다음에 제대로 작동하지 않는 것을 제거하고 제대로 작동하는 것을 향상시키는 방법이었다.

우리는 긍정적인 마음가짐이 학습을 크게 향상시킨다는 사실을 잘 알고 있다. 게다가 성장 마인드세트는 고착된 마인드세트에 비해 우리가 지금 기술과 재능을 향상시키는 것과 관련해 알고 있는 과학적 지식에 훨씬 더 가깝다. 하지만 아이들에게 어떻게 긍정적인 마음가짐을 가르칠 것인가? 아이들에게 실패하는 법을 가르치면 긍정적인 마음가짐을 가르치는 데 도움이 된다.

현행 학교 교육제도는 부정적인 마음가짐을 바탕으로 운영되고 있다. 시험을 통과하느냐 실패하느냐가 중요하다. 만약에 시험에 실패하면 그것이 그 아이가 어떤 존재인지, 그리고 그 아이가 어느 정도 선한지를 결정한다.

실패할 경우 한두 번 더 시도할 수 있다. 그러나 그 기회마저 놓치고 나면 다시 그것을 배울 기회는 사라지고 만다.

그러나 수준을 높이는 데 필요한 기본적인 자질을 갖추지 않은 상태라면 공부하는 것 자체가 갈수록 더 힘들어질 것이다. 실패는 자기실현적 예언이 되고, 최악의 경우 나쁜 학교 성적이 스스로를 바보나 재능이 없는 존재로 여기게 만들 것이다.

그럼에도 세상의 많은 사람들이 학교에서 낙제한 사람들마저도 자신의 숨은 능력을 찾기만 하면 성공을 꿈꿀 수 있다는 사실을 분명히 가르쳐주고 있다. 여기서 한 가지 중요한 이슈는 실패를 다루는 방법이다. 그리고 정말 다행스럽게도, 세상에는 그 문제를 다루는 도구들이 마련되어 있다.

에디슨 같은 태도는 교육에서 중요한 역할을 할 수 있다. 우리는 수행력에 대해 등급을 매길 것이 아니라 제대로 돌아가는 것이 무엇인지를 평가하고 미래에 달리 할 것이 어떤 것인지를 판단할 수 있어야 한다. 달리 말하면, 우리는 학습자가 잘 할 때마다 격려하고 학습자의 실패를 단순히 지적할 것이 아니라 미래의 학습에 유익하게 이용할 줄 알아야 한다.

이를 실천하는 한 가지 방법은 잘못된 점을 단순히 기록한 다음에 학습자와 머리를 맞대고 미래에 그와 비슷한 상황이 다시 발생하면 어떻게 할 것인지를 목표 지향적이고 긍정적인 버전으로 적는 것이다. 일종의 실패 관리법이다. 학습 분야만 아니라 삶의 다른 많은 분야에도 적용할 수 있는 방법이다.

> **현명한 실패 관리법**
> 1. 실수를 저지르게 된다면 종이를 한 장 꺼내서 한가운데 수평선을 하나 긋는다.
> 2. 수평선 위쪽에 실수에 대해 상세히 묘사하고 자신이 그 실수에서 한 역할을 적어본다.
> 3. 수평선 아래에는 자신이 다음에 이와 비슷한 상황에 처하게 될 때 달리 할 수 있는 것이 무엇인지를 적어본다.

실패가 영원히 따라다니는 오명이 아니고 미래의 성공을 위한 디딤돌이라는 점을 이해함으로써 우리는 보다 탄력적이며 새로운 도전 앞에서도 굴하지 않는 용기 있는 학습자로 성장한다.

리처드 브랜슨이 강조하는 것처럼 "성공한 사업가는 누구나 거기까지 오는 길에 몇 차례의 실패를 경험했다. 중요한 것은 당신이 그 실패에서 무엇을 배우는가 하는 것이다".

로비오 사는 실패한 컴퓨터 게임을 51편이나 만들었다. 그럼에도 불구하고 로비오에 근무하는 사람들은 창작을 포기하지 않았다. 왜냐하면 자신의 일에 열정을 느끼고 있었기 때문이다. 52번째 게임이 '앵그리 버드 Angry Birds'였다.

판단과 평가

학생들의 수행력에 대한 평가 방식이 많은 비판을 받았다. 학급의 수행력은 가우스 곡선을 그리게 되어 있다는 고전적인 생각에는 학생들의 자질 가운데는 언제나 표준이 있고 또 집단 안에서 수행력을 동료들과 비교하여 평가하면 '실질적인' 지식의 수준이 나오게 마련이라는 전제가 깔려 있다.

하지만 학습의 측면에서 보면 어떤 학습자가 동료들과의 관계에서 어느 지점에 서 있든 그것은 아무런 의미를 지니지 않는다. 결정적으로 중요한 것은 학습자가 자신이 이미 알고 있는 것과의 관계에서 그리고 자신이 배울 필요가 있는 것과의 관계에서 어디에 서 있는가 하는 점이다. 달리 표현하면, 동료들을 기준으로 한 평가는 학습자에게 유익한 정보를 별로 내놓지 못한다. 학습을 점검한다는 측면에서 진정으로 유익한 것은 개인적 진전에 대한 평가뿐이다.

등급을 매기는 행위 자체를 포기하라고 제안하는 사람도 있다. 나로서는 그것이 훌륭한 아이디어인지 솔직히 확신이 서지 않는다. 만약에 학습자에게 수행을 어느 정도 잘하고 있는지에 관한 피드백 메커니즘이 아주 없어진다면 플로우 상태에 닿고 진척상황을 점검하는 것이 어려워질 것이다. 이 때문에 현행의 비교 평가 시스템이라도 아무 시스템이 없는 것보다는 더 나을 수 있다.

지금 우리가 알게 된 지식을 바탕으로 지금까지 이야기한 것을 종합하면 학습자 각각의 진척상황을 점검하고 그에 대해 등급을 매길 수 있는 평가 제도를 개발해야 할 이유가 충분하다. 이런 식의 평가 제도가 정착되면 학습자 스스로 자신이 어느 정도 진척을 이루고 있는지를 볼 수 있으며 발전을 성취하지 못하고 있을 때는 도움을 청할 수도 있을 것이다.

좋은 예가 '중요한 것부터 먼저 하라First Things First'는 방법이다. 이 같은 개혁적인 접근법에서라면 학생들의 목적은 101가지의 '나는 ……할 수 있다'식의 표현으로 세분화될 것이다. 이 세세한 표현들은 중요한 것 순서대로 나열되고 학생들은 그 다음 단계로 나아가기 전에 그 전 단계를 통과해야 할 것이다. 이런 식으로 학생들은 자신의 진척상황을 쉽게 점검하면서 스스로 난관에 봉착했다는 사실이 확인되면 도움을 청할 수 있다.

이와 비슷한 접근법이 칸 아카데미에 채택되고 있다. 이 아카데미에서는 학생들이 목표로 잡은 공부를 완수하거나 다른 성취를 이루게 되면 배지를 수여한다. 또 학생들은 기본적인 주제를 완전히 익힌 다음에야 보다 복잡한 주제로 넘어갈 수 있다.

마지막으로, 뉴욕에 기반을 둔 학교인 퀘스트 투 런Quest to Learn에서 하고 있는 것처럼 학생들의 진척상황을 평가하는 데 게임의 구조를 이용할 수도 있다. 이 같은 혁명적인 환경에서 학생들은 하루 종일 게임 활동에 참여하는데, 이 게임은 모두 학습과 연결되어 있다. 여기서 학생들은 좋은 학점을 얻으려 노력하지 않고 대신에 과제와 비밀 임무를 수행함으로써 경험 점수를 얻는다.

학습에서 몰입 상태를 유발하는 데 있어서는 상대평가가 거의 아무런 의미가 없다. 좋은 학점이 개인적 성장으로 작용하여 내재적 동기를 불러일으키기보다는 동료들에게 실력을 과시하는 수단이 되어 외재적 동기를 불러일으킨다는 점에서 본다면 상대평가는 그와 반대로 내재적 동기에 부정적으로 작용할 수 있다. 따라서 효율적인 학습을 불러일으키기 위해선 평가가 몰입 상태를 일으키는 데 도움이 되고 자신감을 키워주고 개인적 발전과 연결되어야 한다.

4장

LEARNING AS FUN

학습과 게임

놀이와 학습의 관계

캐나다 북쪽 지역의 북극곰들은 항상 먹이가 부족했다. 바다가 얼지 않았을 때는 물개를 사냥할 수도 없었다. 어느 날, 브라이언 라 둔은 자신의 썰매개 허드슨이 밖에서 놀고 있는데 굶주린 북극곰 한 마리가 다가오는 것을 보고 깜짝 놀랐다. 브라이언은 허드슨이 곰에게 공격당해서 즉사할 것이라고 생각했다. 평범한 썰매개가 500킬로그램이 넘는 북극곰과 붙어서 살아날 확률이 얼마나 되겠는가?

그런데 허드슨의 생각과 달리 놀라운 일이 벌어졌다. 북극곰이 다가왔을 때 허드슨은 꼬리를 흔들고 머리를 낮추며 인사를 했다. 북극곰도 순순히 허드슨의 초대를 받아들여 둘은 눈밭에서 같이 놀기 시작했다. 썰매개와 북극곰 모두 공격성을 드러내기는커녕 동물들이 놀이에 빠질 때 전형적으로 보이는 그런 표정을 지었다. 이빨을 드러내지 않고 입을 벌렸으며, 부드럽게 시선을 마주치고, 털도 세우지 않았다.

북금곰은 일주일 동안 밤마다 허드슨을 찾아와 함께 놀았다. 그러다 이윽고 바다가 얼자 조용히 사냥을 나갔다.

스튜어트 브라운$^{Stuart\ Brown}$의 『놀이^{Play}』에 소개된 사례다. 이처럼 놀이는 모든 동물들에게 보편적인 활동이다. 동물들은 생존에 직접적으로 중요하지 않거나 더욱 '중요한' 것들을 하면서 아주 많은 시간을 보낸다. 놀이는 내재적으로 동기부여를 받는 행위라는 가장 명백한 예 중 하나다.

놀이와 웰빙

미하이 칙센트미하이는 다음과 같이 말했다.

"일과 놀이의 경계가 인위적이라는 사실을 깨닫기만 하면 우리는 일을 하면서도 인생을 더욱 알차게 즐길 수 있다."

놀이는 생명체의 본능이다. 동물 놀이 연구가인 밥 페이건$^{Bob\ Fagen}$이 곰들의 놀이에 대해 말하듯이 "특별한 도전과 모호함이 지속적으로 나타나는 세상에서 놀이는 곰들로 하여금 진화하는 세상에 대해 준비를 하도록 만든다". 페이건은 실제로 가장 잘 노는 곰이 생존 능력도 가장 탁월하다는 사실을 발견했다.

놀이는 동물의 왕국에 아주 널리 퍼져 있다. 놀이 연구가 스튜어트 브라운이 발견한 그대로다.

"다 자란 갈가마귀가 눈 덮인 언덕에 거꾸로 누워 미끄럼을 타고 내려갔다가 언덕 위로 날아와 다시 미끄럼을 타는 것이 관찰되었다. 아메리카 들소는 얼어붙은 호수 위를 의기양양하게 달리다가 네 발로 미끄럼을 탄다. 물속의 하마들은 몇 번이고 뒤공중제비를 넘는다."

놀이는 또한 인간의 행복한 삶을 위해서도 중요하다. 한 연구에서 칙센트미하이는 실험 대상자들에게 하루만 놀이를 하지 못하도록 금지시켜도 불안과 두통 같은 우울증 증세가 나타난다는 사실을 발견했다. 신경과학자 자크 판크셉Jaak Panksepp은 어린 동물들로부터 놀이를 박탈하면 뇌의 성숙이 지연되거나 방해를 받는다는 사실을 발견했다.

게임을 하며 삶에 탐구적인 관점을 계속 유지한 사람들이 나이 들어서 치매와 다른 신경 관련 문제를 훨씬 덜 겪는다는 것이 확인되었다. 인지 활동을 활발하게 하는 사람들은 알츠하이머에 걸릴 위험이 보통 사람들에 비해 63퍼센트 정도 낮다.

> **놀이의 역사 분석하기**
> 1. 아이가 어릴 적에 가장 즐겼던 놀이의 종류를 적어본다.
> 2. 아이와 함께 각 놀이의 형태를 묘사한다. 그리고 그 놀이가 재미있었던 이유는 무엇인지 적어본다.
> 3. 어떻게 하면 지금의 일상에서 그와 비슷한 활동을 할 수 있을 것인지에 대해 이야기를 나눠본다.

놀이는 또한 3가지 내재적 동기부여 요소 모두와 연결되어 있다. 놀이는 기본적으로 자유롭다. 그러므로 놀이는 자율성을 키워준다. 놀이는 또한 우리가 한계를 테스트하고 탐험할 새로운 처녀지를 발견하도록 만들고, 따라서 역량강화의 욕구를 충족시켜준다. 그리고 마지막으로, 우리가 다른 사람들과 어울려 놀 때 놀이는 당연히 우리의 소속감을 강화시켜준다.

아이들이 눈을 맞으며 장난을 치는 것 같은 상황에서 놀이는 극히 자율적이다. 거기에는 규칙이 전혀 없고, 규칙이 있다 하더라도 엄격히 적용되지는 않는다. 최적의 몰입 상태로 안내하는 특성 때문에 놀이는 또한 자신감을 키워준다. 그리고 당연히, 대부분의 놀이 형태에서, 테니스 시합이든 보드 게임이든 아니면 그냥 시시덕거리며 시간을 보내든 소속감도 쉽게 충족된다.

놀이는 인간의 본능이다. 그럼에도 우리는 '보다 중요한' 목표를 추구하느라 놀이의 능력을 많이 잃어버렸다. 그런 '보다 중요한' 목표들은 우리의 '웰빙'에 좀처럼 기여하지 못한다. 우리 사회가 부추기고 있는 돈과 명예 같은 것은 오히려 '일빙'을 부를 가능성이 높다.

마틴 셀리그만이 지적하듯이 "놀이는 전형적인 희열이다. 연령대를 불문하고 모든 아이들에게 놀이는 거의 언제나 통달을 수반하며 몰입 상태를 낳는다". 놀이는 아주 쉽게 몰입 상태를 만들어낸다. 비록 명백한 목표가 없을지라도 다른 3가지 요소는 놀이에 아주 풍부하다. 놀이에 빠지면 사람들은 그 행동에 쉽게 주의를 집중하며 빠져든다. 놀이는 또 일이 어떤 식으로 진행되는지에 대한 피드백이 즉각적으로 이루어진다.

그리고 놀이에 빠져 있을 때는 외부의 압력이 전혀 없기 때문에 기술과 요구사항 사이의 '스위트 스팟'이 쉽게 발견된다.

브라운의 연구, 셀리그만의 연구, 칙센트미하이의 연구 모두 인간의 웰빙에 놀이가 필수적이라는 점을 잘 보여주고 있다. 이에 더해 놀이와 쾌활한 성격은 창의적인 사고와 효율적인 학습에 매우 효과적인 바탕이 되어준다. 놀이가 심리적 욕구를 충족시켜주면서 동시에 최적의 몰입 상태로 이끌기 때문이다.

놀이와 창의성

창의성은 미래에 가장 의미 있는 경쟁력 중 하나가 될 것이다. 컬럼비아 대학 평생교육원의 명예교수인 잭 메지로가 주장한 것처럼 "21세기의 생산적이고 책임감 있는 근로자를 배출하기 위해서는 협동적인 환경 안에서 개인에게 자율적인 행위자로서 생각할 힘을 불어넣을 수 있어야 한다".

그렇다면 학생들의 내면에 창의성을 어떤 식으로 배양할 것인가? 문제는 창의성은 당신이 어르고 달랜다고 해서 어딘가에서 툭 튀어나오는 것이 아니라는 점이다. 또한 보상과 처벌이 창의적인 사고 능력을 앗아가 버린다는 것도 이미 분명해졌다. 라이언과 데시가 강조하는 바와 같이 "학습이 복잡하거나 개념적이고 창의적인 과정을 요구할 때 지나치게 통제에 휘둘리는 학생들은 독창력을 상실할 뿐만 아니라 학습능력까지도 떨어진다".

만약 어떤 해결책에 이르는 명확한 길이 있다면 더 이상 고민의 여지가 없다. 그러나 어떤 해결책이 즉각 보이지 않을 때 보상과 처벌은 해결책의 후보를 찾고 생각의 틀을 깰 능력을 오히려 축소시킬 것이다. 대니얼 핑크가 "보상은 그 특성상 우리의 초점을 좁히게 되어 있다"고 말한 것은 바로 이 때문이다. "예술가들과 과학자, 발명가, 학생, 그리고 나머지 사람들에게도 내재적 동기, 즉 무엇인가가 흥미롭거나 도전적이거나 열중하면 높은 수준의 창의성이 저절로 발현된다"는 것이 핑크의 설명이다.

마틴 셀리그만 교수도 "사람은 안전한 상황에 있을 때 긍정적인 감정을 느끼게 되고 또 탐구하고 놀이를 즐김으로써 더 멀리 손을 뻗으며 자신의 능력을 확대하게 된다"고 강조한다. 긍정적인 감정에 관한 연구를 주도하고 있는 바바라 프레드릭슨(Barbara Fredrickson) 교수도 이와 비슷한 연구 결과를 내놓고 있다. 그녀의 '확장과 수립 이론(broaden and build theory)'은 긍정적인 감정이 창의적 사고를 확장하는 한편 부정적인 감정은 그 능력을 떨어뜨린다는 점을 보여주고 있다.

하지만 무엇이 창의성인가? 켄 로빈슨이 주장하듯 창의성은 "독창적이고 가치 있는 아이디어들을 떠올리는 과정"이다. 그러나 어떤 것이 가치 있는지에 대해서는 누가 결정하는가? 칙센트미하이는 "창의성은 사람들의 머리 안에서 일어나는 것이 아니고 어떤 사람의 사고와 사회문화적 환경의 상호작용에서 일어난다"고 주장한다. 창의성은 개별적인 현상이기보다는 체계적인 현상이다. 창의성은 언제나 전문성의 영역과 연결되어 있으며 고립된 상태에서는 절대로 일어나지 않는다.

창의성을 배양하기 위해서는 먼저 자유롭게 생각할 안전하고 긍정적인 환경을 조성해야 한다. 둘째, 아이디어들을 어떤 맥락의 안과 밖에서 동시에 평가할 수 있어야 한다. 나쁜 아이디어는 없다. 단지 주어진 기회나 맥락에 좋거나 나쁜 아이디어가 있을 뿐이다.

3M에서 개발한 새로운 종류의 접착테이프는 사실 저질의 접착제였다. 그러나 포스트잇이라는 메모지에 적용되자 업계의 히트작으로 등극했다. 원래의 맥락에서 벗어나서 생각한다면 나쁜 아이디어까지도 의미 있는 발걸음이 될 수 있다. 생각의 틀을 깬다는 것은 바로 이런 것을 두고 하는 말이다.

아이디어 수집 노하우
1. 다양한 고안이나 궁리를 적을 수첩이나 노트북을 언제나 갖고 다닌다.
2. 흥미롭다고 느껴지는 아이디어는 모두 적는다.
3. 평소에 접하게 되는 기사나 웹페이지 중에서 관심을 끄는 것이 있으면 모두 모아둔다.
4. 수집한 자료들을 1주일에 한 번 정도 정리한다.

창의성에 관한 엄청난 양의 문헌을 보면 놀이와 유쾌함이 창의적 사고의 중요한 요소 중 하나라는 사실에는 의문의 여지가 없다. 만약에 우리가 15분마다 결과를 내놓아야 하는 상황에 처해 있다면 새로운 아이디어가 나오기 어렵다. 지금 세상을 이끌고 있는, 분기마다 결과를 발표하는 경제는 창의적인 사고를 크게 해친다. 만약에 유일하게 중요한 것이 4분기 말의 실적이라면 모험적인 사고를 할 시간이 거의 없다. 경영자가 불쑥 끼어들어 "지금 당장 훌륭한 아이디어가 필요하단 말야!"라고 외친다면 어느 누구도 훌륭한 아이디어를 떠올리지 못한다.

코미디 집단 몬티 파이튼의 존 클리스(John Cleese)는 훌륭한 아이디어를 떠올리는 데는 시간이 필요하다고 강력히 주장한다. 획기적인 아이디어의 창조에는 멍하게 앉아 시간을 보내거나 어린아이처럼 아무 생각없이 놀이에 빠져 바보처럼 보이는 것이 불가피하다는 얘기다.

세상을 변화시킨 바보 같은 사람들은 예외 없이 놀이를 즐기는 성향을 강하게 보였다. 스티브 잡스는 "해군에 합류하느니 해적이 되는 게 낫겠다"고 하면서 자신의 사무실 지붕에 해적 깃발을 단 장난꾸러기로 유명하다. 1980년대 히트 드라마 '맥가이버'의 창조자인 리 데이비드 즐로토프는 근무일 중 6시간 30분을 모형을 만드는 데 들이고 스크립트를 쓰는 데는 겨우 1시간 반을 들였다. 알베르트 아인슈타인은 어려운 문제를 푸는 도중에 종종 바이올린을 연주하곤 했다.

아이작 아시모프는 과학에서 들을 수 있는 가장 흥분되는 말, 즉 새로운 발견을 알리는 말은 "유레카!"가 아니라 "그것 재미있는데!"라고 말했다. 이것이 페니실린에서부터 포스트잇 메모지에 이르기까지, 수많은 과학 및 산업 발전을 일군 촉매 역할을 했다. 그러나 만약에 과학자들이 아이디어를 갖고 놀 능력을 갖추지 못했다면 그런 우연한 발견은 불가능하다. 만약에 과학자의 마음속에 오로지 연구논문 제출 생각밖에 없다면 "그것 재미있는데!"라고 생각되는 순간들은 그냥 무시되고 말 것이다. 색깔이 변한 박테리아 샘플도 버려질 것이고, 제대로 붙지 않는 접착제도 버려질 것이다. 놀이를 좋아하는 태도가 없다면 수많은 과학적, 산업적 혁신이 이루어지지 못했을 것이다.

심리학자 J. P. 길포드$^{\text{Joy Paul Guilford}}$는 1950년대에 지능의 종류는 하나가 아니라 둘이라는 주장을 내놓았다. 그는 이 지능을 수렴지능과 확산지능이라고 불렀다. 수렴지능은 우리가 흔히 지능이라고 부르는 것을 의미한다. 말하자면 논리적, 분석적 추리와 수학적 재능을 뜻한다.

반면에 확산지능은 그것과는 완전히 다른 그 무엇이다. 그것은 즉각적으로 명백한 옵션에 초점을 맞추고 집중하는 능력이 아니라 생각을 깨뜨리고 빈둥거리며 돌아다니면서 새로운 아이디어들을 일으키는 능력을 말한다.

화학자 라이너스 폴링$^{\text{Linus Pauling}}$은 훌륭한 아이디어를 얻는 최선의 방법은 최대한 많은 아이디어를 얻는 것이라고 말했다. 토머스 에디슨$^{\text{Thomas Edison}}$이 발명하는 방법은 개념과 원형^{原型}을 최대한 많이 모은 다음에 제대로 작동하지 않는 것을 지워나가는 것이었다. 이는 그가 새로운 형태의 전신 기계를 발명하는 과정에 그 진척 상황에 관해 고객에게 쓴 편지에 잘 드러나고 있다.

"뉴욕과 보스턴 사이에 임시 장치를 설치해 실험을 했다. 장치는 이중통신 방식의 일곱 가지다. 그중 여섯 개는 꽤 잘 작동했고 일곱 번째는 완전한 실패였다. 그래도 시도할 것이 아직 열다섯 가지나 남아 있다."

빈둥거리며 돌아다니고, 또 재미있거나 흥미로워 보인다는 단 한 가지 이유만으로도 새로운 방식의 탐구를 시도할 줄 아는 능력이 창조적인 사고의 핵심이다.

비판적인 태도도 풍성한 결실을 맺는 데 중요하다. 하지만 만약에 우리가 지나치게 빨리 비판적인 태도를 끌어들인다면 그것이 혁신의 날개를 잘라버릴 것이고 결과적으로 새로운 통찰을 창조해야 하는 우리에게 불모의 땅만 남겨놓게 될 것이다.

놀이와 학습

놀이 역시 학습에 결정적인 역할을 하는 것으로 드러나고 있다. 실제로 놀이는 새로운 것들을 가장 효과적으로 배울 수 있는 방법 중 하나다.

스튜어트 브라운은 다음과 같이 강조한다.

"어떤 복잡한 주제를 온전히 느끼는 최선의 길은 그냥 그 주제를 갖고 노는 것이다. 아이들이 어른보다 컴퓨터 시스템을 더 빨리 배우는 이유도 거기에 있다. 아이들은 이것저것 시도해보면서 어떤 방법이 먹히는지 파악하는 것을 두려워하지 않는 반면 어른들은 뭔가 잘못 건드리게 될까봐 걱정한다. 아이들은 잘못 건드리는 것 따위는 두려워하지 않는다. 아이들은 컴퓨터를 잘못 건드리더라도 분명 거기서 무엇인가를 배우고 다음에는 다른 방법으로 다룰 것이다."

브라운에 따르면 "많이 노는 동물들이 세상을 헤쳐 나가며 적응하는 방법을 더 빨리 배운다. 요약하면 그런 동물들이 더 똑똑하다". 신경과학 연구는 포유류의 경우 뇌의 크기와 놀이를 좋아하는 성격 사이에 강력한 연결이 있다는 점을 보여주고 있다. 놀이는 뇌와 편도와 전전두피질에 자리 잡고 있는 감정체계와 집행체계의 새로운 시냅스의 성장을 자극한다. 놀이는 또한 뇌 전체의 성장으로 이어지는데, 이는 놀이 이외의 활동이 일부 부위의 성장으로 이어지는 것과 반대되는 현상이다.

브라운은 이에 대해 이렇게 설명한다.

"주의가 전적으로 모아진 상태가 놀이다. 그리고 기억의 고착은 고조된 주의와 감정적 보상과 밀접히 관계 있는 것으로 확인되고 있다. 게다가 놀이는 뇌 전체에 걸쳐서 지각과 인지의 여러 중추들을 일깨운다."

요약하면, 놀이는 뇌가 전반에 걸쳐서 새로운 연결을 형성하도록 돕고, 따라서 보다 복잡하고 정교한 습관을 낳는다. 바로 이 습관이 우리가 항상 변화하는 복잡한 세상을 항해하도록 돕는다.

학습은 두 가지 변수, 즉 몰두와 내용의 함수다. 무엇인가에 몰두하기 위해서는 삶의 다양한 영역과 세상사에 대한 다양한 접근법을 탐구해야 한다. 그러다 보면 각자에 맞는 영역과 접근법을 찾아내게 된다. 아마 레오나르도 다빈치를 제외하고는 어느 누구도 모든 일에 두루 관심이 있지는 않을 것이다. 우리가 실제로 관심을 갖고 있고 또 진정으로 번영을 구가할 수 있는 영역이 어딘지를 찾아내기 위해서는 온갖 영역을 마음대로 탐험할 수 있는 기회를 누릴 수 있어야 한다.

놀면서, 우리는 다른 무엇보다 여유롭게 돌아다니며 다양한 것들을 시도할 수 있다. 그러는 가운데 우리가 특별히 열정을 느끼는 분야가 발견될 수 있다. 그러나 놀이와 학습의 관계에는 다양성과 변화, 그 이상의 것이 있다.

앞에서 주장한 것처럼, 놀이는 몰입 상태를 매우 쉽게 끌어낸다. 레고로 우주선을 조립하거나 게임에 몰입하고 있을 때 아이는 몰입 상태에 이르러 플로우 채널에 머물 가능성이 높다. 따라서 그런 치열한 초점이 뇌를 보다 일관되게 활성화시키고 일관된 습관을 형성시킬 것이다. 이 새로운 습관들이 우리의 행동을 안내하고 새로운 지식을 구성할 것이다.

달리 표현하면, 빈둥거리며 돌아다니고 이 장난감에서 저 장난감으로 관심을 옮기고 있을 때 그 아이는 실제로 확산적 사고에 깊이 빠져 있는 것이다. 마찬가지로, 레고를 허물기로 결정할 때 그 아이는 또한 새로운 행동의 가능성을 탐구하고 있는 것이다. 놀이 활동에 초점을 맞추고 빠져 있을 때 그 아이는 몰입 상태가 낳은 일관되고 집중된 습관의 형태로 새로운 기술과 지식 쪽으로 수렴하고 있는 것이다. 놀이야말로 학습의 가장 강력한 촉매제의 하나라는 얘기다.

게임과 학습의 관계

2000년대 초, 핀란드 게임회사인 레머디 엔터테인먼트가 '맥스 페인 Max Payne'이라는 게임을 내놓았다. 집단의 패싸움에 가담한 뉴욕 탐정을 그린 이 게임은 전 세계적으로 수백 만 개가 팔렸다. 적을 향해 총을 쏘는 것이 게임의 일부를 이루고 있지만 그 사격이 대부분 제3자에 의해 이루어지기 때문에 그 게임의 매력은 다른 곳에 있었다.

스콧 릭비와 리처드 라이언이 게임을 대상으로 한 연구를 보면, 통념과는 반대로 게임들이 폭력적이거나 화려하고 시끄러운 내용으로 플레이어들을 끌어들이는 것은 아니다. 맥스 페인 같은 작품이 한 편 있다면, 선도 보이지 못하는, 유혈이 낭자하고 폭력이 난무하는 그런 게임이 10여 편 있다. 그럼에도 불구하고 미스터리를 풀거나 괴물들이 잔뜩 숨어 있는 미로를 헤쳐 나가느라 몇 시간씩 매달려야 하는 컴퓨터 게임이 넘쳐난다. 왜 이런 현상이 벌어질까?

게임의 영향력은 어디에서 오는가

비디오 게임이 탄생한 이후 많은 부모들은 게임이 자식을 망쳐놓지 않을까 하는 우려를 표했다. 교내 총기 사건이 발생하거나 총기와 10대가 개입된 비극이 일어날 때마다 범인이 해온 게임의 역사가 낱낱이 파헤쳐진다. 게임의 콘텐츠, 내용이 게임을 하는 사람에게 미치는 영향을 놓고 아주 많은 연구가 수행되었다.

게임 내용에 대해서 지적해야 할 중요한 것이 2가지 있다. 먼저, 게임이 게임을 하는 사람에게 영향을 미친다는 점이다. 우리의 모든 경험이 우리에게 영향을 미치는 것과 똑같다. 그런데 그런 영향이 행동을 바꿔놓거나 감정 통제에 역기능을 할 정도로 충분히 강해지려면 그 게임을 수십만 번을 되풀이해야 한다.

달리 말하면, 어떤 게이머가 '그랜드 세프트 오토$^{Grand\ Theft\ Auto}$'를 2시간 즐기고 나면 긴장감을 더 강하게 느끼고 신경이 예민해질 수 있다. 그러나 정신이 건강한 사람이라면 어느 누구도 게임 때문에 거리로 나가 자동차를 훔치려 하지는 않을 것이다. 사람들이 갱 영화를 본 뒤에 갱처럼 행동하지 않는 것이나 마찬가지다. 그러나 만약에 어떤 사람이 감정 통제에 심각한 문제를 안고 있다면 폭력적인 게임이 '낙타의 등을 부러뜨리는 마지막 지푸라기'가 될 수도 있다는 짐작은 가능하다.

릭비와 라이언이 발견한 것처럼, 공격적인 성격은 공격적인 행동을 예상하게 하지만 게임 전력은 공격적인 행동을 예측하는 지표가 될 수 없다. 그러나 공격적인 성격의 소유자가 폭력적인 게임을 즐기는 경우에는 해로울 수 있다.

게임의 내용이 게이머에게 어느 정도 영향을 끼칠 수 있다는 주장을 조심스럽게 제기할 수도 있지만 학교에서 총기를 난사하는 범인 뒤에는 '콜 오브 듀티$^{Call\ of\ Duty}$' 같은 게임을 정기적으로 즐기면서도 절대로 인간을 향해 총기를 들지 않는 건전한 게이머가 수백 만 명 있다는 사실에 주목해야 한다.

두 번째로 고려해야 할 사항은, 릭비와 라이언이 지적하듯이, 사람들을 끌어들이는 것은 게임의 내용이 아니고 게임의 메커니즘 자체라는 점이다. 말하자면 우리의 핵심적인 심리적 욕구를 충족시켜주는 능력이 게임의 매력인 것이다. 릭비와 라이언은 실험을 통해서 어떤 게임에서 폭력을 배제해도 플레이어의 만족에는 실질적으로 아무런 영향을 주지 않는다는 것을 발견했다.

요즘은 게임들이 아주 정교하게 발달되어 있기 때문에 게임으로 사람들을 끌어들이기 위해선 거의 사진만큼 사실적인 괴물이나 디즈니 수준의 애니메이션이 필요하다고 생각하기 쉽다. 그러나 지금까지 나온 게임 중에서 큰 성공을 거둔 작품들, 그러니까 많은 시간이 흐른 뒤에도 꾸준히 사랑받고 있는 작품들은 그런 괴물이나 애니메이션을 전혀 갖고 있지 않다. 게임 역사상 가장 많이 팔린 작품 중 하나인 '테트리스'와 '스페이스 인베이더즈$^{Space\ Invaders}$' 혹은 '팩맨$^{Pac\ Man}$'을 생각해보라. 아타리 사의 '스타트렉$^{Star\ Trek}$' 게임은 극단적일 정도로 단순하다. 월터 아이작슨에 따르면, 이 게임의 매뉴얼엔 이렇게 적혀 있다.

"25센트짜리 동전을 집어넣어라. 클링온 족을 피하라."

이 게임들은 철저히 단순하다. 그럼에도 이 게임들은 아직도 플레이어의 주의를 확 잡아끌고 있다. 그렇다면 게임의 내용이 플레이어들을 게임에 몰입하게 만드는 추가 요인이 될 수 있을지는 몰라도 사람들을 게임으로 끌어들이는 것은 인간의 근본적인 심리적 메커니즘이다.

　마샬 맥루한은 매체는 아이디어 자체만큼이나 그 아이디어를 전달하는 일에도 중요하다고 주장했다. 날것 그대로의 아이디어 같은 것은 절대로 없다. 최종적인 결과는 언제나 전달되고 있는 대상과 전달되고 있는 방식과 관련하여 창조된다. 게임에서도 매체는 분명히 메시지의 큰 부분을 차지하고 있다.

　게임에서는 내용이 왕이 아니다. 욕구의 충족이 왕이다. 그러나 게임들이 욕구 충족을 위한 탁월한 기반을 제공하기 때문에, 게임들은 또한 내용을 전달하는 가장 효과적인 기반을 제공한다.

게임을 이용한 교수법

비디오 게임을 즐기는 외과 의사들은 정교한 운동 감각을 요구하는 도구들을 더 빨리, 더 정확하게 다룰 수 있다. '심 시티'를 이용하면 아이들에게 예산정치의 복잡성에 대해 가르칠 수 있다. 그 목적이 튼튼한 제국의 건설인 '문명' 같은 게임들은 전략을 짜고 계획을 마련하는 방법을 배우는 데 도움을 준다. 그러나 최근 들어서 학습에 특별히 초점을 맞춘 게임들이 마침내 주류로 편입되기 시작했다.

나는 학습 게임을 '주된 목적이 어떤 학습 내용을 전달하는 도관導管 역할을 하는 게임'이라고 정의한다. 게임 개발자들은 게임 안에 그 학습 내용을 담아냈다. 이 같은 정의는 그 자체로 틀림없이 교훈적 가치를 지니는 '하프 라이프 2 Half Life 2'나 '문명' 같은 게임을 학습 게임에서 배제시킨다.

가장 단순한 학습 게임은 기본적인 수학 혹은 글자 공부 같은 고전적

과제를 변형시킨 것들이다. 이 같은 학습과정은 게임의 전형적인 요소인 등급과 점수를 더함으로써 게임화된다. 그리고 스토리를 이끌어가는 주인공이나 비주얼 등 게임과 비슷한 내용으로 장식된다.

> **학습 게임 활용 기반 만들기**
> 1. 웹이나 태블릿의 앱스토어를 검색하며 학습에 응용할 프로그램을 찾는다.
> 2. 그 프로그램의 질이 우수한지 확인하기 위해 그것들을 시험해본다.
> 3. 품질이 우수한 게임을 몇 십 개 모은다.
> 4. 아이가 학습 게임을 마음껏 탐구하도록 가만 내버려둔다.
> 5. 다만 아이가 어리다면 게임에 제한시간을 둔다.

그런 게임화의 좋은 예가 '킹 오브 매스$^{Kign\ of\ Math}$'다. 이 게임은 공상적인 롤플레잉 게임의 전통적 요소들과 사지선다형 수학 문제를 결합시킨 것이다. 플레이어는 정해진 시간 안에 '17+15' 혹은 '35/5' 같은 간단한 계산을 풀어야 한다. 10개의 계산 문제를 푼 다음에 남는 시간은 점수에 더해진다. 플레이어는 자신이 제시한 대답이 맞는지 여부를 즉시적으로 알고 또 10개 문제를 다 푼 다음 점수를 통해서 피드백을 받는다.

간혹 점수가 레벨을 올려야 하는 단계에 이른다. 그러면 새로운 성격의 수업이 소개된다. 플레이어는 농부에서 기사^{騎士}가 되거나 대장장이에서 마법사가 될 수 있다. 전통적인 판타지 롤플레잉과 똑같다. 자신의 '캐릭터'를 더욱 발전시키려는 욕망은 명확히 설계된 목표들을 갖게 하고, 이 목표들은 플레이어가 플로우 상태를 유지하도록 도와준다.

실제로 '킹 오브 매스'는 기본적인 산수 단계에서 플레이어가 몰두와 피드백, 명백한 목표, 그리고 게임이 주는 도전의 수준과 기술의 균형감각 등에 의해 플로우 채널 안에 계속 머물도록 유도한다. 게임은 또한 플레이어가 기본적인 욕구를 충족시킬 수 있도록 해준다. 플레이어는 더하기와 곱하기, 통계 같은 다양한 미션 중에서 자유롭게 선택할 수 있다. 또 플레이어는 플로우 상태를 유지함으로써 자신의 능력을 배양해 나갈 수 있다.

심지어 게임은 iOS 게임 센터에 점수를 제시해서 친구들이 플레이어의 진척상황을 확인할 수 있게 함으로써 소속감의 욕구를 잠정적으로 충족시켜준다.

잘 만들어진 학습 게임의 또 다른 좋은 예는 '펀 잉글리시'다. 이 게임은 기초적인 영어 어휘와 구를 가르친다. 서문에서 밝힌 바와 같이, 우리 아이들은 이 게임을 가지고 놀면서 색깔이나 동물 이름을 뜻하는 영어 단어들을 아주 빠른 시간 안에 모두 익혔다.

이 게임은 여러 개의 미니 게임을 포함하고 있으며 각 미니 게임은 내용을 다양하게 탐험할 방법을 제시한다. 색깔을 뜻하는 영어 단어를 익히는 게임에 대해 말하자면, 가장 효과적인 게임은 풍선을 터뜨리는 단순한 게임이었다. 먼저 아이들에게 풍선을 그냥 터뜨려보게 한다. 그러면 풍선의 색깔에 대한 피드백이 말로 나간다. '레드' '블루' '브라운' 그런 식이다. 몇 차례 해본 뒤에 실제 게임이 시작된다.

이 게임은 색깔이 서로 다른 2개의 풍선을 띄우고 그 중 하나의 이름을 외친다. 아이는 맞는 색깔의 풍선을 터뜨려야 한다. 플레이어는 3개의 '라이프'를 갖고 있다. 플레이어가 엉뚱한 풍선을 터뜨릴 때마다 라이프가 하나씩 사라진다. 3개의 라이프를 다 잃으면 게임은 끝난다.

이 게임은 피드백을 즉시적으로 아주 명확하게 제시한다. 만약에 플레이어가 엉뚱한 풍선을 건드리면 경고음이 들리고 풍선이 떨어진다. 만약에 플레이어가 풍선을 제대로 건드리면 그 풍선은 3조각으로 쪼개지고 플레이어는 추가 점수를 얻는다. 이 점수를 보고 플레이어는 자신의 진척상황을 체크할 수 있다. 게다가 플레이어는 엉뚱한 풍선을 터뜨려 라이프를 잃을 때마다 어떤 전략이 먹히고 어떤 전략이 먹히지 않는지를 배운다.

마지막으로, 멋진 그래픽과 음악이 보상 체계를 자극하고 도파민 분비를 유도한다. 이 모든 것이 서로 결합하여 몰입의 경험을 낳는다. '킹 오브 매스'의 경우에서처럼 '펀 잉글리시'도 몰입 상태를 이끌어내고 자율성을 충족시켜 준다.

인지 연습을 게임화한 대표적인 예는 인지 게임의 기반이랄 수 있는 '루모시티^{Lumosity}'다. '루모시티'는 비주얼 감각에서부터 작업기억에 이르기까지, 그리고 언어 기술에서 수학에 이르기까지 인지 능력을 키우도록 설계된 수십 개의 작은 게임들을 포함하고 있다. 각각의 미니 게임은 인지 능력의 한 영역을 증대시키도록 설계되어 있다. 특별한 근육을 강화하게 되어 있는 체육관의 다양한 장비와 크게 다르지 않다.

'루모시티'의 효율성을 평가하는 연구 프로그램이 몇 가지 있다. 이 프로그램들에서 나온 결과를 근거로 보면 '루모시티'의 접근은 인지 능력의 다양한 영역에 의미 있는 효과를 낳는 것으로 보인다. 예를 들어, 〈멘사 리서치 저널$^{Mensa\ Research\ Journal}$〉에 발표된 한 연구를 보면 IQ 측정에 중요한 시력과 작업기억 능력 같은 인지 능력이 '루모시티'의 게임으로 인해 증대될 수 있다는 것이 확인되었다.

마지막으로 밸브 사의 '티치 위드 포탈스'$^{\text{Teach with Portals}}$는 교사와 코치, 부모들이 특히 애용하는 곳이다. 그중에서도 '포탈 2'는 학습용으로 사랑받는 게임이다.

'둠'이나 '하프 라이프' 같은 사격물일 경우 플레이어는 게임의 수준을 한동안 자기 뜻대로 결정할 수 있다. '티치 위드 포탈스'에서는 퍼즐을 맞추는 사람이 천문학에서부터 기하학과 물리학에 이르기까지 다양한 범위에 걸쳐서 가르칠 도구를 창조해낼 수 있다. 게임을 통해서 배울 수 있는 과목들의 범위는 끊임없이 늘어나고 있다.

그러나 지금까지 출시된 학습 게임 중 많은 것들이 학습효과는 미미한 것으로 알려지고 있다. 실제로 상당한 수의 언어 학습 게임들은 플래시카드를 모아놓은 것에 지나지 않는다. 어휘를 배우기 위해 플래시카드를 이용하는 것은 기계적인 학습의 한 형식이다. 이것도 반복하면 어느 정도 효과가 있겠지만 게임을 활용한 덕에 눈에 띄는 성과를 얻었다고 하기에는 부족한 수준이다.

게임을 이용한 교수법

앞에서도 얘기한 것처럼, 모든 게임이 어느 정도는 학습 게임이다. 그렇다면 만약에 게임을 하는 것 자체가 게임의 내용과 통합되면 어떻게 될까? 말하자면, 수학을 가르치는 기사나 영어 단어를 보여주는 풍선 같은 것이 전혀 없지만 내용을 이해하는 것이 게임 안에서 앞으로 나아가는 데 결정적인 역할을 한다는 뜻이다.

고전적인 사격물 '시스템 쇼크$^{System\ Shock}$'는 '울펜슈타인 3D$^{Wolfenstein\ 3D}$'와 '둠^{Doom}'이 소개한 장르를 다양한 퍼즐과 뇌를 자극하는 문제를 소개함으로써 다시 설계했다. '시스템 쇼크' 게임에서 앞으로 나아가기 위해서는 이 퍼즐과 문제를 풀어야 한다. 진짜 세계에 가상의 환경을 곁들인 사이버펑크 분위기에서 플레이어는 앞으로 나아가기 위해 퍼즐을 풀어야 한다. '스트리트 오브 몽키 아일랜드$^{The\ Secret\ of\ Monkey\ Island}$'와 '미스트^{Myst}', 보다 최근의 것으로 '머쉬나리움^{Machinarium}' 같은 게임들은 플레이어에게 다양한 지적 퍼즐을 제시하는데, 이것을 풀지 못하면 진행이 불가능하다.

'시스템 쇼크'나 '미스트' 같은 게임들을 보면 퍼즐은 게임 안에 완전히 통합되어 있다. 퍼즐을 풀려면 논리적인 사고의 기술과 기하학과 종종 게임 세계 내부의 고전적인 지식이 필요하다.

학습 게임의 우수한 예가 하나 있다. 바로 '드래곤 박스'다. 프랑스와 노르웨이 합작의 소규모 게임 스튜디오가 개발한 이 게임은 아이들에게 복잡한 대수를 가르치기 위해 퍼즐 게임 포맷을 이용한다. 게임은 각자 박스를 가진 양편을 소개하는 것으로 시작된다. 게임이 진행됨에 따라 퍼즐은 더욱 복잡해지고 새로운 변형이 소개된다.

게임과 그 내용과 제작 가치들이 아주 잘 구현되어 있기 때문에 세 살짜리 아이도 재미있어서 몇 시간씩 몰입한다. 비결은 게임의 어느 시점에 드래곤 박스들이 χ로 대체되기 시작하고, 드래곤과 곤충과 다른 동물들이 글자와 숫자로 대체되기 시작한다. 아이가 게임 메커니즘에 잘 녹아 있는 퍼즐들을 풀려고 애를 쓰고 있는 사이에 드래곤 박스가 χ가 되고 드래곤이 A와 B, C가 된다면 그 최종적 결과는 이렇게 될 것이다.

드래곤 박스 방정식

$$\frac{2}{\chi} + \frac{D}{E} = \frac{B}{\chi}$$

게임 역학에 더 익숙해지면 아이들은 이 함수를 눈 깜짝할 사이에 풀어낸다. 내가 아는 한 게임과 학습의 통합이 그처럼 매끈하게 이루어지고 또 성공을 거둔 것은 학습 게임 시장에서 지금까지 한 번도 없었다. 그러나 사람들이 이런 식의 학습 방법을 더 많이 고안해내는 것은 시간문제일 것이다.

슈뢰딩거 방정식을 어린이들에게 가르치는 문제에 대해 생각해보라. 두 개의 구멍과 한 개의 광선으로 시작하면 어떨까? 그 유명한 '이중 슬릿double slit 실험'은 종종 양자물리학의 기본 원칙들이 작동하는 방법을 보여주는 데 이용되고 있다. 그것으로 게임을 만들지 말란 법이 없지 않은가.

만약에 아이에게 100개 국가의 국기를 가르친다면 어떻게 하겠는가? 미션 완수에 국기에 대한 지식이 점점 더 중요해지는 그런 모험 게임이나 퍼즐 게임을 만들면 어떨까? 우리가 게임으로 배울 수 있는 것에 대해, 그리고 배우면서 동시에 많은 재미를 느낄 수 있는 방식에 대해 생각하기만 하면 학습 게임에게 빌릴 수 있는 힘은 무한할 것이다.

　학습 게임은 기본적으로 두 가지 방식으로 만들어지고 있다. 하나는 게임화의 방식이다. 학습 내용을 먼저 취하고 그 다음에 거기에 점수와 레벨 같은 게임의 요소, 그리고 공상이나 사이언스 픽션 같은 게임의 내용, 화려한 그래픽, 영감을 불어넣는 음악을 더하고 마지막으로 가장 중요한 것, 즉 플로우 상태를 이끌어내고 기본적인 심리적 욕구를 충족시키는 것을 고려한다.

　두 번째 방식은 학습 내용을 게임으로 통합하는 것이다. 게임 자체가 학습되고 있는 내용에 의존하도록 만들어야 한다. 이는 미션에 결정적으로 중요하고 동시에 학습 내용에 대한 이해가 요구되는 퍼즐을 도입하면 해결된다. 아니면 가장 좋은 방법, 개발자 입장에서 보면 당연히 아주 도전적인 과업이 될 것이라고 믿는데, 게임과 학습 내용을 그 뿌리에서부터 통합시키는 것이다.

　적절히 이루어지기만 하면 두 가지 방식은 틀림없이 플레이어가 학습 내용을 더 잘 배우도록 할 것이다. 그리고 재미있는 게임을 하면서 배울 때 거기에는 외적 동기부여가 전혀 필요하지 않다.

　학습 내용을 게임으로 녹여낼 때는 그때까지 획득한 지식을 적용하는 것이 최고다. 말하자면, 게임을 통해 배운 지식은 무엇이든 그 지식만을 위해 거기에 있는 것이 아니고 플레이어의 게임과 성공을 위해 즉각적인 가치를 발휘해야 한다. 만약에 배운 지식들을 적용할 길이 전혀 없다면 학습은 금방 지루해지고 피상적으로 흐르게 될 것이다. 게임은 하나의 위대한 스토리처럼 구성되어야 한다. 따라서 학습이 지루해지지 않도록 하는 것이야말로 많은 학습 게임이 해결해야 할 과제다.

여기서 고려해야 할 중요한 사실은 학습 게임이 그 자체로 효과적이기 위해선 게임을 통해 제시되고 있는 내용의 깊이가 상당해야 한다는 점이다. 색깔 풍선을 터뜨리는 행위는 아이들에게 기본적인 어휘를 정복했다는 느낌을 주겠지만 그것이 그 단어들이 다른 곳에서 사용될 가능성이 있다는 것을 의미하지는 않는다. 그런데 만약에 그 단어들이 다양한 방식으로 사용될 수 있는 환경이 있다면 보다 풍성한 의미망이 생겨날 것이고 학습한 내용은 더 오래 기억될 것이다.

그러나 이것이 많은 학습 게임에 문제를 제기할 수도 있다. 이 문제를 피하려면 많은 학습 게임들이 독립형 교육자료로 여겨져서는 안 되고 다양한 종류의 교육 도구들에 대한 보완책으로 여겨져야 한다. 미래에는 분명 더욱더 풍성한 가상의 학습 환경이 존재할 것이고 그 환경에서는 게임을 통한 학습만이 실질적으로 새로운 학습을 낳을 것이다.

마지막으로, 학습 게임의 관계성 측면도 살펴봐야 한다. 많은 게임들이 플레이어의 사회적 연결을 활용한다. 플레이어가 다른 플레이어들과 연결되도록 하는 것은 MMO(Massively Multiplayer Online 대규모 다중 온라인 게임)만이 아니다. 슈퍼셀 사의 '클래시 오브 클랜$^{\text{Clash of Clans}}$' 같은 실시간 전략 게임이나 '팜 빌' 같은 페이스북 히트작은 소셜 네트워크를 통해서 플레이어와 다른 사람들을 연결시켜준다. 학습 게임에 사교적인, 나아가 협력적인 놀이를 도입하면 학습의 경계를 더욱 확장할 수 있다.

게임 연구가인 제인 맥고니걸은 우리가 온라인 게임을 이용해 현실의 이슈를 건드릴 수 있다고 주장했다. 지구촌에 석유위기가 닥칠 경우에 32주 동안 벌어질 일을 상상하는 대체현실게임인 '월드 위드아웃 오일$^{World Without Oil}$'과 플레이어들이 선택 게임을 통해 세계 기아를 퇴치하기 위해 쌀을 경작하게 하는 '프리 라이스$^{Free Rice}$' 등을 포함한 일부 게임들은 이미 이런 일을 하고 있다.

사회적 측면이 훌륭한 학습 게임의 필요조건은 아니지만 학습 게임의 관계성 측면이 만개되기만 하면 우리는 게임에 의한 학습 패러다임의 이동을 목도하게 될 것이다.

5장

LEARNING AS FUN

실전적 도구와 지침

학생들을 위한 도구

알베르트 아인슈타인은 "대학 교육의 가치는 많은 사실들을 배우는 데 있는 것이 아니라 마음이 생각하도록 훈련시키는 데 있다"고 말했다.

배우기 위해선 누구나 학습에 직접 참여할 필요가 있다. 또 참여의 상태를 계속 유지하기 위해선 자율성과 역량, 소속감의 심리적 욕구를 충족시킬 필요가 있다. 그러면 문제는 종국적으로 이런 질문으로 귀착된다. 어떻게 해야 다양한 학습 환경에서 자율성과 역량과 소속감을 높이고 강화할 수 있을까? 어떻게 해야 학습자로서 아이들이 몰입 상태에 들어가게 할 수 있을까? 그리고 어떻게 해야 교사는 학생들이 몰입 상태에 빠지도록 도울 수 있을까?

장기적으로 보면 21세기의 도전에 더 잘 대응하고 현재 우리의 과학적 지식을 더 잘 반영하는 쪽으로 현대의 학교교육을 향상시켜야 한다. 그런 한편, 학습과 가르치는 행위를 지금 우리가 알고 있는 지식에 맞추기 위해 지금 당장 할 수 있는 일도 많다. 몇 가지 제안을 여기에 제시한다.

학습을 보다 효과적이고 재미있게 만들 도구는 아주 많다. 당신이 학생이라면 먼저, 모든 책이 다 똑같은 가치를 지니는 것이 아니라는 점을 깨닫는 것이 중요하다. 유익한 책이긴 하지만 그렇다고 해서 내용이 100퍼센트 다 당신과 관련 있는 것은 아닌 그런 책을 읽기 위해 속독법을 익혀놓으면 도움이 될 것이다.

대학교에서조차도 학생들이 대체로 책을 처음부터 끝까지 읽을 것으로 여겨지고 있다. 그러나 책을 효과적으로 이용하기 위해서는 자신이 현재 공부하고 있는 것과 직접적 관계가 있는 문헌만을 집중적으로 읽어야 한다. 책 중에서 중요한 부분만 선택적으로 읽고, 당장 중요하지 않은 부분은 건너뛰든가 속독으로 처리해야 한다.

그리고 직접적 가치를 지닌 책들의 경우에는 우선 꼼꼼하게 읽는 것이 가장 좋고, 두 번째는 연필을 이용하여 줄을 치면서 읽는 것이 최고다. 중요한 부분에 밑줄을 긋고 필요한 내용을 덧붙이면 그냥 책장을 넘기며 읽을 때에 비해 암기가 훨씬 잘 된다.

메모는 인류가 자랑하는 모든 천재들의 비밀 무기였는데도 사람들이 이 중요한 도구를 무시하는 경우가 자주 있다. 의식적인 생각과 비의식적인 생각은 제법 거리가 멀어서 아이디어가 금방 떠올랐다가도 이내 잊혀지고 만다.

당신이 어딜 가든지 수첩이나 디지털 기기를 갖고 다니며 아이디어나 통찰이 머리에 떠오르는 순간 그 자리에서 기록하는 것이 현명한 이유가 바로 거기에 있다. 만약에 그때 당신이 그 아이디어들을 '에버노트' 같은 웹 클라우드 서비스에 저장해 둔다면 당신은 필요할 때마다 몇 초 안에 당신의 아이디어와 통찰을 되새길 수 있을 것이다.

온라인에 학습 도구 관련 산업이 빠르게 성장하고 있다. '칸 아카데미'에서 유명 대학의 강의 수 천 개를 담고 있는 애플의 '아이튠스유^{iTunesU}'에 이르기까지 학습 도구는 다양하다. 이 외에도 세계 각국의 대학들과 파트너 관계를 맺고 전체 강의를 제공하고 있는 '코세라^{Coursera}'와 '에텍스^{Edx}'뿐만 아니라 '훌루 포 에듀케이션$^{Hulu\ for\ education}$' '아카데믹 어스$^{Academic\ Earth}$'와 학습 컴퓨터 코드를 재미있고 효율적으로 만들고 있는 '코드카데미^{Codecademy}' 등이 있다. 온갖 선택이 가능한 가운데 당신의 마음을 끄는 서비스를 골라서 편안한 시간에 배울 수 있다.

당신은 조깅을 하거나 버스를 기다리면서 세계적인 학자들의 지식을 활용할 수 있다. 학습 자체를 당신의 체력 수준이나 당신이 좋아하는 방법에 맞출 수 있기 때문에 아침 일찍 발을 질질 끌며 강의실로 들어갈 때보다 학습이 훨씬 더 효과적이고 원기왕성하게 일어난다.

게임을 통해서 지식을 확장하고 싶다면 '루모시티'와 '티치 위드 포탈스'를 시도하라. 영감을 얻고 새로운 탐구의 길을 발견하는 데 있어서 TED가 만든 세계 최고 연구원들의 20분짜리 비디오는 훌륭한 길잡이 역할을 할 것이다.

또한 대형 모바일 운영체계의 앱스토어에서 만날 수 있는 다양한 모바일 학습 앱과 게임들은 새롭고 경이로운 학습의 세상을 펼쳐 보이고 있다. iOS 앱스토어나 안드로이드 마켓플레이스의 교육 영역을 두루 돌아보면 배우고 생각하는 방법을 바꿔놓을 앱들을 발견할 수 있다. 훌륭한 앱 중 많은 것이 평범한 앱들에 묻혀 두드러지지 않을 수도 있지만 보석을 찾아내겠다는 마음으로 두루 살피며 노력하다 보면 분명히 보상을 받게 될 것이다. 당신은 자신이 배우고 있다는 사실을 깨닫지도 못하는 가운데 아마 새로운 것을 배우게 될 것이다.

당신의 열정과 적성을 찾길 원한다면 당신은 '소명의 맵'으로 알려진 툴을 이용할 수 있다. 이 툴을 활용하면 자신이 '성장한' 뒤에 공부하거나 일하고 싶어 하는 것에 대해 생각할 필요 없이 자신이 원하는 것에 집중할 수 있다.

당신이 하고 싶어 하는 것들을 모조리 적어보라. 당신에게 본질적으로 동기를 불어넣거나 당신에게 몰입의 경험을 안겨주는 일들을 적어라. 책읽기, 글쓰기, 승마, 컴퓨터 게임, 사람들과 대화하기 등 당신이 할 수 있는 일을 다 적어라. 그리고 각 항목마다 1점에서 3점까지 점수를 매겨라.

당신이 원하는 만큼 하고 있는 일에는 3점을 주라. 그리고 당신이 하고는 있지만 더 많이 하고 싶어 하는 일에 대해서는 2점을 주라. 그리고 지금 당장에는 해볼 기회를 전혀 갖고 있지 못한 일에 대해서는 1점을 주라. 마지막으로, 어떤 종류의 직업이나 학습이 당신의 '소명 지도'에 가장 어울리는지를 파악하라. 그러면 당신은 진정으로 동기를 부여하는 일을 많이 하는 삶을 살 수 있게 될 것이다.

마지막으로, 어느 학습 프로젝트를 이용하든 다수의 실패가 있게 마련이다. 우리가 이용하는 방법을 알기만 한다면 실패야말로 우리가 가장 잘 배울 수 있는 기회다. 당신이 무엇인가에 실패했다면 무엇이 잘못되었는지에 대해 세세하게 묘사해보라. 그 실패에 당신이 영향을 미친 점에 대해서도 기록하라. 실패에 대해서는 책임을 지도록 하라. 그런 다음에 스토리를 다시 적고 다음번에는 어떻게 하면 더 잘 처리할 수 있는지에 대해 생각하라. 이런 식으로 당신은 각 실패를 효과적인 전략을 발견하는 방법으로 활용할 수 있다.

하루가 끝날 때면 당신이 모든 것을 다 알 필요는 없다는 셜록 홈즈의 지혜를 기억하라. 일단 당신의 열정을 건드렸다 하면 당신이 사명감 있고 열정적인 인생을 살기 위해 필요한 것을 배우는 것만으로도 충분하다. 당신이 하고자 하는 것을 알게 되면 공부는 재미에서 끝나지 않는다. 공부는 당신이 할 수 있는 가장 놀라운 일의 시작일 뿐이다.

지금 당장 실천할 수 있는 5가지 지침

1. 많은 양의 정보에 신속히 접근하기 위해 속독과 정독의 기술들을 배운다.
2. 노트북 같은 디지털 기기를 하나 마련하고 에버노트나 다른 클라우드 기반의 저장 서비스에 어카운트를 하나 만든다. 아이디어와 통찰이 떠오르는 순간에 그 내용을 기입하고 클라우드에 아이디어들을 저장한다.
3. 칸 아카데미와 아이튠스유 혹은 코세라 같은 온라인 학습 도구들

이나 루모시티나 티치 위드 포탈스 같은 학습 게임을 이용하고, 휴대폰의 앱스토어에서 학습 앱을 찾아본다.
4. 소명 지도를 만들고 당신의 사명감과 열정이 있는 분야에 초점을 맞춘다.
5. 일이 계획대로 진행되지 않는다면 실패 관리법을 이용하고 지금의 실패를 전화위복의 기회로 삼는다.

부모를 위한 도구

어떻게 하면 아이들에게 최고의 배움의 기회를 부여할 수 있을까? 부모라면 누구나 자식들의 학교 생활에 대해, 게임 습관에 대해, 그리고 아이들이 삶을 어떤 식으로 꾸려갈 것인지에 대해 고민한다.

부모가 아이의 학습에 기여할 수 있는 최고의 방법은 가장 먼저 아이가 자유롭게 탐험하고 실험할 수 있는 풍성한 환경을 제공하고, 그 다음으로는 응원이 필요할 때마다 아이에게 격려를 보내는 것이다. 말하자면, 아이의 관심이 당신의 생각과 완전히 다른 방향으로 흐를지라도 아이의 학습은 철저히 아이 중심이어야 한다는 뜻이다.

학습 게임은 아이들이 공부할 놀라운 기회들을 제공하면서 점점 커가고 있는 산업이다. 그럼에도 불구하고 학습 게임들은 그 퍼즐의 한 조각에 불과하다. 우리 모두 잘 알고 있는 것처럼, 아이들이 태블릿이나 휴대폰, 컴퓨터를 무제한 사용하는 것은 분명 해로울 수 있다.

이 때문에 학습게임은 책과 학습서적, 학습 장난감, 보드 게임, 야외 게임, 크레용과 종이 같은 창작 도구들, 악기, 레고 같은 창의력을 키우는 장난감, 과학세트 같은 탐구심을 일깨우는 장난감 같은 교재로 보완되어야 한다.

아이들은 자신의 몸을 마음대로 움직이고 활용할 수 있어야 한다. 내가 들었던 조언 중에서 오래도록 잊히지 않는 것이 하나 있다. 아이가 이곳저곳 돌아다니며 놀다가 꽃병을 깨뜨렸다면 잘못은 아이에게 있는 것이 아니라 꽃병을 거기에 놓아둔 부모에게 있다는 것이다. 아이에게 자유롭게 돌아다니며 실험할 기회를 줌으로써 당신은 부모로서 아이에게 자신의 열정을 이용할 최고의 기회를 줌과 동시에 배움의 기회를 주는 것이다.

그러나 우리 모두 잘 알듯이 양육이란 것이 아이들의 욕구만을 충족시켜주는 것은 아니다. 아이들도 어른들이 갖춘 기술 중에서 일부 기술을 제한적으로 갖추고 있다. 자신의 행동과 감정을 조절하는 능력도 아이들이 제한적으로 갖추고 있는 자질에 포함된다. 그렇기 때문에 아이들이 스스로를 잘 다스리는 쪽으로 성장할 수 있도록 아이들의 행위에 한계를 설정하고 관리하는 것도 부모의 책임이다.

이는 비디오 게임과 관련해서 특별히 더 중요하다. 미성숙한 감정 조절에다가 강력한 욕구 충족과 높은 보상이 결합되면 곧 재앙을 부르게 된다. 그러므로 부모로서 당신은 누구나 가볍게 할 수 있는 캐주얼 게임을 반드시 통제해야 한다. 릭비와 라이언은 캐주얼 게임을 사탕과 감자튀김에, 책 같은 학습 교재들을 브로콜리에 각각 비유하고 있다. 그러나 중요한 것은 차세대 학습은 보다 건강한 감자튀김, 맛도 좋고 몸에도 좋은 그런 학습 도구가 될 것이라는 점이다.

건강에 좋은 감자튀김을 만들기 위해서 당신은 자녀들에게 태블릿을 하나씩 마련해 주어야 한다. 그러나 반드시 학습 게임만 담긴 태블릿이어야 한다. 만약에 태블릿에 학습 게임과 캐주얼 게임이 동시에 들어 있다면 아이들이 할 게임은 당연히 캐주얼 게임이고, 그것도 지쳐 떨어질 때까지 한다고 해도 전혀 놀랄 일이 아니다. 그렇지 않고 태블릿에 고품질의 학습 게임만 저장되어 있다면 아이들은 자율적으로 스스로를 조절하면서 게임을 탐구할 수 있게 된다. 만약에 게임의 내용이 충분히 깊다면, 아이들은 게임을 한동안 하다가 태블릿을 내려놓고 다른 활동으로 옮겨갈 것이다.

마지막으로, 학습에서 부모의 역할은 앞에서 교사와 관련해서 묘사한 것과 상당히 비슷하다. 부모는 아이가 배워야 할 것을 미리 결정하지 못한다. 그러나 부모는 아이의 진척상황을 점검하고 격려하며 아이가 열정적으로 매달릴 수 있는 곳으로 안내할 수 있다. 아이의 관심사가 수시로 달라질 수 있다는 점을 이해하는 것도 중요하다. 아이의 관심사가 자주 바뀌는 것은 아무 문제가 안 된다. 어쨌든 탐구하는 과정의 일부이니까. 그러나 아이에게 필요하다고 판단되면 당신이 나서서 지도를 해야 하고 아이의 활동을 지원할 수 있는 최선의 교재를 최대한 제공하도록 노력해야 한다.

종합하면, 당신의 아이에게 차세대의 학습을 후원하기 위해서 당신은 아이들에게 탐구할 수 있는 풍성한 환경을 제공하고 아이들이 자율적으로 환경을 이해할 수 있도록 창을성 있게 기다릴 줄 알아야 한다. 물론 부모로서 당신이 아이들이 배워야 할 내용을 미리 결정하지 못한다는 점을 명심해야 한다.

어떤 아이는 수학에 매료될 수 있다. 또 어떤 아이에겐 음악이 가슴을 쿵쿵 뛰게 만드는 분야일 수도 있다. 만약에 당신이 아이들에게 탐험할 풍성한 환경을 제공하고 또 아이들이 무엇에 열정을 느끼든 그들을 응원한다면 당신은 아이가 아주 빨리 배운다는 사실에 깜짝 놀라게 될 것이다.

지금 당장 실천할 수 있는 5가지 지침

1. 당신의 아이들이 탐험하고 학습할 수 있는 풍성한 환경을 만든다. 아이들에게 책과 보드 게임, 학습 장난감, 과학 세트와 야외 게임을 제시한다.
2. 가능한 한도 안에서 아이들이 자유롭게 움직이고 실험하고 탐험할 수 있는 환경을 조성한다.
3. 아이들에게 한계를 분명히 정해준다. 비디오 게임의 경우 특히 더 중요하다. 비디오 게임을 즐길 수 있는 시간을 엄격히 정하고 아이들이 비디오 게임에 대한 감정적 욕망을 조절하는 방법을 배우도록 도와준다.
4. 가능하다면 아이들에게 고품질의 학습 게임이 든 태블릿을 하나씩

마련해 준다. 그 안에 캐주얼 게임이나 다른 중독성 있는 게임을 담지 마라. 그런 게임이 게임 시간을 스스로 자제하는 아이들의 능력을 방해하기 때문이다.

5. 아이들을 모니터하며 그들이 가장 재미있어 하는 것이 무엇인지를 파악하도록 노력한다. 만약에 아이가 어떤 주제에 열정을 보인다는 것이 확인되거든 그 아이에게 수준이 더 높은 학습 교재를 주고 필요하다면 안내를 제공하면서 아이들을 최대한 많이 응원한다.

교사를 위한 도구

 만약에 당신이 가르치는 일에 관여하고 있다면 일선 학교에서 활동하든 그렇지 않든 당신이 할 수 있는 일은 아주 많다. 학교에서 일하고 있다면 정규 커리큘럼의 요구사항이 반드시 고려되어야 한다. 그럼에도 불구하고 학습 내용을 학생들에게 전달하는 데는 아주 다양한 방법이 있다.
 기억해야 할 가장 중요한 점은 일렬로 앉은 학생들 앞에 서서 강의하는 식의 교수법은 새로운 이해력을 증진시키고 지식을 구축하는 데 가장 비효율적인 방법의 하나라는 것이다. 앞에서 살펴본 바와 같이, 이런 방법으로 가르칠 경우에 학생들이 내용을 기억하는 비율은 약 5퍼센트에 그친다. 달리 말하면, 다른 어떤 방법도 고전적인 강의보다는 더 효율적이라는 뜻이다.
 학생들의 열정뿐만 아니라 교사로서 당신 자신의 열정을 이용하는 것도 훌륭한 교수법이 될 수 있다. 무엇보다도 먼저, 어떻게 하면 교사인 당신 자신이 가르치는 내용에 대해 진정으로 열정을 가질 수 있는지부터 확인하라. 또 가르치고 있는 과목과 관련해서 어떤 것이 당신과 가장 관계가 깊은지를 파악하도록 하라. 열정은 전염성이 강하다. 영감은 열중하게 만든다.

둘째, 학기 초에 학생들에게 가장 관심을 많이 쏟는 분야가 무엇인지 물어라. 학생들에게 각자의 소명 지도를 그려보게 하고 각자 어떤 주제에 가장 흥미로워하고 재미있어 하는지 공개적으로 이야기하게 하라. 그런 다음에 학생들이 그 분야에 최대한 깊이 참여하도록 유도하라.

교사로서 당신은 교실을 장식하고 조직화하는 데 영향력을 발휘할 수 있을 것이다. 화분과 영감을 불러일으키는 그림들, 조명도 분위기를 가꾸는 데 중요한 역할을 한다. 학생들 모두가 서로를 마주볼 수 있도록 앉게 하는 것도 소통과 상호작용을 훨씬 수월하게 할 것이다.

학급 규모가 작다면 책상들을 U자 형태로 배열하면 효과가 볼 수 있다. 규모가 큰 학급이라면 책상들을 작은 집단으로 나누거나 책상 자체를 없애버리면 효과가 있을 것이다. 아니면 책상과 의자를 옆으로 밀어놓고 학생들이 원을 그리며 방석에 앉는 것은 어떨까? 중요한 것은 학생들 대부분이 서로의 등을 보고 앉아 있는 한 학생들이 공부하는 주제에 관심을 갖고 있을 때조차도 주의가 산만하게 흩어지게 마련이라는 사실이다. 그러나 만약에 학생들이 교사나 다른 학생들과 시선을 직접 마주한 상태에서 수업에 임한다면 학생들의 주의가 흩어지는 일은 한결 줄어들 것이다.

학습 내용을 보다 흥미롭게 제시하는 방법은 비디오나 학습 게임, 보드 게임 등을 포함할 수 있다. 예를 들어, 지루한 주제는 재미있는 유튜브 비디오로 양념을 칠 수 있다. 역사 수업이라면 아마 학생들에게 역사적인 내용을 다룬 컴퓨터 게임을 하거나 롤 플레잉을 통해서 역사적 장면을 재연하는 과제를 줄 수 있다. 학생들을 고무하고 수업에 참여하도록 하기 위해 '루모시티'나 '티치 위드 포탈스' 같은 게임으로 배우는 환경을 제공하라.

그리고 만약에 이용할 수 있는 게임이 전혀 없다면 교과서까지도 예를 들어서 앞에서 소개한 '행맨'의 예처럼 여러 방법으로 게임화할 수 있다. 등급이나 점수 혹은 스티커 아니면 게임과 비슷한 다른 요소들을 이용할 수도 있다. 어떻게 하면 학생들이 교재를 갖고 실제로 무엇인가를 하도록 만들고 지금 당장 그들의 삶과 관계있는 일을 하도록 할 수 있는지를 생각해내도록 노력하라.

수업 방식을 완전히 바꿔보라. 당신은 수업 내용을 녹화할 수도 있다. 그러면 학생들이 시간이 날 때마다 비디오를 볼 수 있을 것이다. 비디오를 만드는 방법에 관한 아이디어를 얻고 싶다면 칸 아카데미와 테드 비디오를 보도록 하라. 학생들이 수업 중에 과제를 하도록 하고 학습 진도가 빠른 학생과 학습에 문제를 가진 학생이 서로 짝이 되도록 하라.

특히 영어권 국가에서 '역진행 수업'을 이용하면 효과가 잘 나타난다. 여러 가지 가능한 서비스 중 하나인 칸 아카데미는 놀라운 도구들을 제공하고 있다. 수학에서부터 역사까지, 경제학에서 컴퓨터 과학까지 수천 개의 비디오를 활용할 수 있다.

학생들이 집에서 비디오를 보고 학교에 와서 과제를 하게 하면 학습 능력을 크게 향상시킬 수 있다. 그리고 만약에 경제적으로 가능하다면 학생들이 태블릿으로 학습 게임을 하도록 하라.

당신은 또한 학급 자체의 능력과 기술을 이용할 수 있다. 학생들 중에서 학습 내용을 이미 알고 있는 학생들을 찾아서 그들이 직접 아직 그 수준에 이르지 못한 학생들을 가르치도록 하라. 그리고 학생들에게 자신이 가장 좋아하는 주제에 대한 강의를 준비하게 하고 필요하다면 그들을 도와주도록 하라.

마지막으로, 학생들이 이미 아는 것을 활용하고 당신의 수업이 학생들에게 보다 적절한 맥락에서 이루어지도록 하기 위해 '스노우볼링'이라 불리는 방법을 이용할 수 있다. 이 방법은 학생들에게 지금 배우는 주제에 관련해 어떤 질문을 생각해 달라고 요구하는 것으로 시작한다.

론카와 케토넨은 스노우볼링의 특성을 다음과 같이 설명한다.

"학생들에게 몇 분 동안 자기 짝과 아이디어를 교환하도록 하라. 그런 다음에 그 짝에게 이번에는 다른 짝과 아이디어를 공유하도록 하라(스노우볼링). 마지막으로, 교사가 파워포인트 슬라이드에 아이디어들을 요약한다. 그런 다음에 교사가 강의 내용에 대한 자신의 계획을 제시하고, 이어서 학생들의 아이디어와 비교하며 토론한다. 이 과정을 거친 다음에 강의 계획이 최종적으로 결정된다."

종합하면, 당신이 무엇을 하든 학생들을 수업에 끌어들이지 못한다면 학생들은 배우지 못한다. 교사가 그냥 교실에 들어와서 강의를 하고 나가는 방식에 대해서도 생각할 것이 많지만 어쨌든 학생들이 배우지 못한다면 그것은 교수법이 아니다.

교사의 가장 중요한 일은 학생들을 고무하여 수업에 적극적으로 참여하게 하고 배움을 용이하게 하는 촉진자의 역할이다. 이를 성취하기 위해선 자율성과 역량강화와 소속감에 대한 학생들의 심리적 욕구를 충족시키고 무엇보다도 학생들이 몰입 상태에 들어가도록 도와야 한다.

지금 당장 실천할 수 있는 5가지 지침

1. 당신과 학생들의 열정에 불을 지를 길을 찾는다. 당신의 교수법이 당신 자신에게 보다 흥미롭도록 만들 길을 고안해야 한다. 학생들에게 관심이 가장 많이 쏠리는 주제가 무엇인지를 묻고 그들이 그 영역에 초점을 맞출 수 있도록 돕는다.
2. 교실을 가정처럼 안온하게 느껴지도록 장식한다. 시선 접촉과 움직임과 협동이 최대한 쉽게 이루어지도록 교실을 조직한다.
3. 게임과 비디오를 비롯하여 영감을 불러일으키는 도구들을 가능한 한 자주 사용한다. 당신 자신이 당신이 가르치는 주제에 정성을 쏟을 수 있는 길을 탐색한다. 게임을 이용하고 등급이나 점수나 스티커 같은 게임 개념을 도입함으로써 학습 내용을 게임화한다. 태블릿과 학습 게임을 도입한다.

4. 교수법에 변화를 준다. 영감을 불러일으킬 학습 내용을 기록으로 남겨서 학생들이 시간이 날 때마다 그걸 이용하여 배울 수 있도록 한다. 당신이 진도가 늦은 아이들을 도와줄 때 다른 학생들은 수업 시간에 과제를 하도록 한다.
5. 학생들이 가장 많은 관심을 쏟는 주제에 대해 서로에게 가르치게 한다.

이제 우리는 어디로 갈 것인가?

　내가 이 책에서 설명한 모든 것은 세상의 어디에서는 이미 현실이다. 점점 더 많은 아이들이 게임과 놀이를 즐기는 동안에 대수를 푸는 것부터 외국어를 배우는 것까지 놀라울 정도의 학습을 지속적으로 수행하고 있다.

　매일 새로운 것을 배우고 탐험하는 하루를 기대하면서 얼굴에 함박웃음을 지으며 학교에 오는 아이들이 많다. 공부하고 있는 환경이 내면의 동기를 자극하기 때문에 배우는 것이 즐거운 그런 아이들이다.

　아예 교실이 없고 학생들이 자신의 수준대로 탐험할 수 있는 그런 고무적이고 다채로운 공간만 있는 학교도 있다. 이런 학교에서도 학생들은 평균 이상으로 잘 배우고 있다. 또 기본적인 덧셈에서 시작하여 차근차근 플로우 채널 안에서 공부하면서 몇 년 만에 복잡한 양자 물리학까지 나아갈 수 있는 웹 서비스들도 있다.

세계에서 가장 훌륭한 대학들이 누구나 이용할 수 있는 온라인 강좌를 개설하고 있다. 당신이 실리콘밸리에 살든 시베리아나 수단에 살든 아무런 문제가 되지 않는다. 인터넷만 연결된다면 당신은 스탠포드나 프린스턴 강의를 무료로 들을 수 있다.

그리고 빨리 성장하고 있는 학습게임과 장난감과 다른 보조 교재 산업이 있다. 이 장치들은 사람들의 내면적 동기를 자극하여 갈수록 더 열심히 공부하도록 유도하고 있다. 학습이 즐거울 수 있다는 사실에 재빨리 눈을 뜨고 있는 산업 분야다.

앞으로 5년 내지 10년 안에, 학교에 입학하기 전에 이미 읽기와 쓰기, 수학, 대수, 역사와 세포 생물학까지 뗀 조숙한 아이들이 쏟아질 것이다. 교사들은 이미 1학년 학생들 거의 반이 읽는 법을 안다는 사실 때문에 커리큘럼을 수정하느라 힘들어하고 있다.

이 같은 전개가 학교교육을 어떤 식으로 바꿔놓을까? 우리가 확실히 아는 유일한 것은 이런 일이 벌어지기만 하면 그것이 학교교육을 바꿔놓게 되어 있다는 사실이다. 아니면 그 결과는 교실이 지겨워 죽으려 하는 어린아이들로 꽉 찬에 따라 주의력결핍 과잉행동장애[ADHD] 진단을 받는 아이들이 급증하는 것이다.

몇 년 안에 모바일 인터넷이 지구촌 어디서나 가능하게 될 것이다. 이것이 의미하는 바는 인터넷과 연결될 수단을 가진 사람이면 누구나 어디서든 우리가 인터넷에 구축하고 있는 지식을 활용할 수 있다는 것이다. 말하자면, 곧 지구촌의 거의 모든 사람이 자신이 배우고자 하는 것을 배울 기회를 누릴 것이다.

그러나 그와 동시에 어떤 엑소더스가 일어나고 있다. 제인 맥고니걸이 지적했듯이, 인류 중 더욱더 많은 사람들이 서서히 가상의 세계로 이주하고 있다. '워크래프트^{Warcraft}'나 '이브^{Eve}' 또는 '에버퀘스트^{EverQuest}' 같은 게임에 사로잡혀서 많은 시간을 보내는 플레이어들이 갈수록 늘어나고 있다. 이런 사람들에게는 인생에서 의미 있는 순간이 거의 가상의 환경에서 일어난다. 만약에 그들이 그런 일을 더 이상 하지 못하게 된다면 그들의 '진짜' 삶은 지루하고 황량해질 것이다. 우리는 이런 모든 사람들을 어떻게 할 것인가?

여기에도 낙관적일 이유가 있다. 아마 우리는 현실 세계의 문제를 해결하기 위해 온라인 커뮤니티의 건설을 시작할 수 있을 것이다. 수천 만 명의 유저의 두뇌를 이용하여 석유위기나 금융위기를 해결하는 방법을 모색하는 것에 대해 생각해보라. 성능이 가장 뛰어난 슈퍼컴퓨터마저도 해결하지 못하는 문제를 인류의 능력을 이용하여 푸는 것에 대해 생각해보라. 이미 그런 해결책들이 나오고 있는 중이다.

실제로 나는 복잡한 임무를 '엘랑스^{Elance}'의 어느 우크라이나인 프로그래밍 구루에게 맡길 수 있다. '쿼라^{Quora}'를 통해서 나는 어떤 질문이라도 묻고 몇 분 내에 답을 기대할 수 있다. 그리고 구글과 울프람 알파가 있고 또 페이스북도 있다. 몇 천 명이 걸려 있는 당신의 소셜 네트워크를 이용하기만 해도 당신은 손가락 끝에 엄청나게 많은 양의 정보를 갖게 된다. 가까운 미래에 온라인 게임이 정보를 완전히 새롭게 처리하고 이용하는 방법을 불러올 촉매 역할을 할 것이다.

그리고 멋진 신세계가 있다. 우리가 지금 당장 건설을 시작할 수 있는 그런 세계다. 모든 사람들이 결국엔 자신의 열정이 가장 강하게 끌리는 곳에서 활동할 수 있는 그런 세계다. 그 세계에서 우리는 지식과 정보를 더욱더 빨리 공유할 수 있다. 그래서 나의 지식이 끝나고 다른 사람의 지식이 시작되는 경계마저도 흐려질 것이다.

우리는 정보가 자유롭게 이동하고, 학습이 평생 동안 열정을 갖고 도전할 즐거움이 될 그런 세상을 바라보고 있다. 우리는 저마다 가장 뜨겁게 열정을 느끼는 바로 그 일을 하며 인류 전체의 엄청나게 큰 혁신적 능력을, 그러니까 지금까지는 그 그림자만 얼핏 볼 수 있었던 그런 능력을 활용함으로써 공백을 채워갈 수 있는 세상을 바라보고 있다.

사람들에게 자신의 자율적 욕구를 자유롭게 탐구하고 충족시킬 공간을 더 많이 주고, 각자에게 몰입 상태를 경험하고 역량강화 욕구를 충족시킬 기회를 더 많이 부여하고, 각자에게 자신이 원할 때 다른 사람과 더 가까이 연결해 소속감의 욕구를 충족시킬 기회를 더 많이 제공함으로써 우리 모두가 함께 번창할 수 있는 그런 세상을 바라보고 있다. 이것은 우리가 지금 당장 함께 건설할 수 있는 그런 세상이다. 그리고 그 씨앗은 이미 우리 주변 곳곳에 뿌려져 있다. 지금은 그 씨앗이 제대로 싹을 틔우고 건강하게 꽃을 피울 수 있도록 돕는 것이 문제다.

우리는 우리 모두가 훌륭한 삶을 더 멋지게 살 수 있는 그런 세상을 바라보고 있다. 우리는 아침에 일어나서 직장에 가거나 학교로 가면서 기쁨과 열정을 가득 느끼는 것이 정상인 그런 세상을 바라보고 있다. 우리는 학습이 예외 없이 재미있는 그런 세상을 바라보고 있다.

미래는 이미 여기에 와 있다.
단지 아직 널리 퍼져 있지 않을 뿐이다.

- 윌리엄 깁슨

펀 러닝

초판 1쇄 인쇄 2015년 4월 8일
초판 1쇄 발행 2015년 4월 15일

지은이 라우리 야르빌레토
펴낸이 김영범
펴낸곳 토트 · (주)북새통

편집주간 김난희
마케팅 김병국, 추미선
관리 최보현, 남재희
디자인 su:

주소 서울시 마포구 서교동 465-4 광림빌딩 2층
대표전화 02-338-0117
팩스 02-338-7160
출판등록 2009년 3월 19일 제 315-2009-000018호
이메일 thothbook@naver.com

© 라우리 야르빌레토, 2014

ISBN 978-89-94702-48-3 13370

잘못된 책은 구입한 서점에서 교환해 드립니다.